Goldmann GELBE
Band 3447

Dieter Dröll
… von Karriere ganz zu schweigen

Beste Zeugnisse, Spitzenpositionen, Jahreseinkommen bis 300 000 DM – aber auf einmal ist der Gipfel der beruflichen Karriere überschritten, und man steht – oft ohne zu begreifen, warum – im »Abseits«. Mit viel Schwung, Witz und Scharfsinn beschreibt der Berufsexperte Dieter Dröll die Lebens- und Berufswege von Persönlichkeiten, die sehr erfolgreich waren, dann aber irgendwie doch gescheitert sind.
Durch zahlreiche Dialoge, Zeugnisse und Lebensläufe versteht es der Autor, die psychologischen Hintergründe für dieses Versagen zu beleuchten und dem Leser so die »Fußangeln« des Berufslebens deutlich vor Augen zu führen.

Eine gelungene Verbindung von spannender, witzig-spritziger Unterhaltung und realistischer »unter die Haut gehender« Information.

In der Reihe Goldmann RATGEBER ist bereits erschienen:
Arbeitslos (10592)
(zusammen mit Regina Dröll)

DIETER DRÖLL

... von Karriere ganz zu schweigen

Nachrichten aus dem Berufsleben

WILHELM GOLDMANN VERLAG
MÜNCHEN

70612 · Made in Germany · I · 1110

 Umschlagentwurf: Ilsegard Reiner. Satz und Druck: Presse-Druck Augsburg. Verlagsnummer: 3447 · Sch/pap

ISBN 3-442-03447-7

Inhalt

Schwachstellen

Erstes Zeugnis
»Herr Ingenieur (grad.) M. Wesslingen, Stuttgart, Fritzenstraße 5, geboren am 1. 3. 1921, war bei uns in der Spinnerei vom 1. 10. 1954 bis zum 30. 4. 1955 mit Untersuchungen über das Schmälzen von Baumwolle beschäftigt.

Er hat diese Arbeit exakt und mit Fleiß durchgeführt, so daß wir uns zum Schluß der Untersuchungen ein gutes Bild über die Erfolge oder Nichterfolge bei geschmälzter Baumwolle machen konnten.

Herr Wesslingen verstand es recht gut, mit Arbeitern und Betriebspersonal auszukommen, so daß er in jeder Hinsicht ein sehr angenehmer Mitarbeiter war.
1. 5. 1955, Wüba GmbH.«

Damals, 1955, war Wesslingen gerade dreißig Jahre alt, jung verheiratet und ganz auf Erfolg eingestellt. Er hatte mit der mittleren Reife die Schule verlassen. Zum Abitur hatte es nicht ganz gereicht. Die sprachlichen Fächer hatten ihn zur Strecke gebracht. Trotz vielen Fleißes war er in Deutsch, Latein und Englisch einfach nicht mehr mitgekommen. Aber mittlere Reife war ja auch schon ganz gut, jedenfalls besser als nur Volksschulabschluß und dann Fachschule. In den naturwissenschaftlichen Fächern hingegen war er im Gymnasium sehr gut mitgekommen. Denn in diesen Gebieten war er in der Lage, sich in einen fremden Stoff rasch hineinzuarbeiten. Er war deshalb auch nicht mit einem durchschnittlichen Mittel- oder Realschüler zu vergleichen.

Nach der Schule hatte er eine Lehre als Spinner und Weber gemacht, weil die Textilindustrie in seinem Heimatort stark vertreten war und es schick war, bei der großen Firma Meier & Meier in die Lehre zu gehen. Er machte die übliche Lehrzeit von dreieinhalb Jahren und schaffte danach auch seine Lehrabschlußprüfung. »Bestanden« war im Prüfungszeugnis und der Abschlußurkunde vermerkt. Natürlich gab es da Kollegen, die ihren Lehrabschluß schon nach drei Jahren machten, und es gab welche, die schafften die Prüfung mit Eins oder Zwei und erhielten bei der Abschlußfeier eine Buchprämie vom Präsidenten der Industrie- und Handelskammer. Aber was sollte er mit einem Buch, das andere ausgesucht hatten? Außerdem hätte er dann bei der Feierstunde auf die Bühne gehen müssen, er hätte im Mittelpunkt gestanden, und genau das konnte er überhaupt nicht leiden.

Nach der Lehre wurde er in der Spinnerei beschäftigt. Aber die handwerklichen Hilfstätigkeiten dort befriedigten ihn kaum. Wozu hatte er denn sechs Jahre Latein gelernt? – Er sprach mit dem Betriebsleiter über Aufstiegsmöglichkeiten und wie er, Wesslingen, denn wohl weiterkommen könne. So kam er zu den Kandidaten für die Textilfachschule. Es war fast wie auf der Universität dort. Man konnte kaum einen Unterschied feststellen. Er konnte das beurteilen, denn er war gelegentlich einmal mit einem Schulfreund, der das Abitur geschafft hatte und der an der Universität in Würzburg studierte, in einen richtigen Hörsaal mitgenommen worden. Er wußte, wie sowas aussah.

In zweieinhalb Jahren oder, wie er sagte, in fünf Semestern, schaffte er seinen Ingenieur (grad.), Fachrichtung Textiltechnik. Gesamtbeurteilung: »Bestanden«! Nach diesem Erfolg hatte er das Unternehmen gewechselt. Er wollte mehr in die wissenschaftliche Richtung gehen. Für ein gutes halbes Jahr hatte er einen wissenschaftlichen Forschungsauftrag, wie er sich ausdrückte, bei der Wüba GmbH bekommen. Über diese Arbeit hatte er sein erstes Zeugnis erhalten (siehe S. 7). Ein halbes Jahr ist sicher etwas kurz, aber bei dieser Firma waren einfach die primitivsten Laboreinrichtungen nicht vorhanden und ein richtiges wissenschaftliches Arbeiten auf die Dauer kaum möglich. Außerdem hatten sich einige ältere Facharbeiter abgesprochen, ihn, Wesslingen, zu boykottieren.

Zweites Zeugnis

»Wir bestätigen hiermit, daß Herr Ing. (grad.) M. Wesslingen, geboren am 1. 3. 1921, wohnhaft in Stuttgart-Bad Cannstatt, in der Zeit vom 1. 5. 1955 bis 31. 12. 1955 zur Bearbeitung einer Spezialaufgabe für uns tätig war. Diese Aufgabe bestand darin, Untersuchungen über die mechanisch-technologischen Auswirkungen des Schmälzens von Baumwolle in der Drei-Zylinder-Spinnerei durchzuführen.

Herr Wesslingen hat diese Arbeiten mit großem Interesse durchgeführt. Die Ergebnisse hat er in einer umfangreichen schriftlichen Arbeit zusammengefaßt. Der Plan der Untersuchungen wurde völlig selbständig von Herrn Wesslingen ausgearbeitet.

Wir haben in Herrn Wesslingen einen sehr angenehmen Mitarbeiter mit guten Anlagen zur Durchführung größerer und schwieriger Arbeiten kennengelernt.

Wir wünschen Herrn Wesslingen für seinen weiteren Berufsweg alles Gute.

31. 12. 1955, Seilschill KG«

Bei Seilschill hatte Wesslingen, in der zweiten Jahreshälfte 55, konsequent seiner wissenschaftlichen Berufung folgend, weiter in der Forschung gearbeitet. Als erstes greifbares Ergebnis konnte er eine Dokumentation über die mechanisch-technologischen Auswirkungen des Schmälzens von Baumwolle in der Drei-Zylinder-Spinnerei vorweisen.

Er war bei dieser Arbeit zu Ergebnissen gekommen, die auch in der Fertigung von Seilschill ihren Niederschlag hätten finden müssen. Mit hoher logischer und fundiert fachlicher Argumentation hatte er gezeigt, daß durch Veränderung der chemischen Mischung beim Schmälzvorgang eine größere Verdünnung entsteht und dadurch das Produktionstempo gesteigert werden könnte. Aber rasch mußte er erkennen, daß er gegen eine Wand aus Ignoranz ankämpfte und die Facharbeiter und die Meister gegen sich hatte. Er nahm den Kampf auf. Vergebens. Sie machten sich über ihn lustig und verstanden es, seine Vorschläge als undurchführbar abzutun. Dem technischen Leiter machten sie klar, daß seine Entdeckung ein alter Hut ist, den man schon vor fünfzig Jahren in der Fachwelt diskutiert und verworfen hat. Sie versuchten, diese absurden Behauptungen auch mit Auszügen aus älteren Fachbüchern zu belegen. Dabei überspielten sie geschickt die feinen, aber doch deutlichen Unterschiede, die zwischen seiner Entdeckung und dem damaligen Ansatz bestanden.

Was sollte denn die Firmenleitung von Seilschill in dieser Situation machen? – Man wollte keinen Krach mit dem Facharbeiterstamm und den Meistern. Darum legte man ihm, Wesslingen, die Kündigung nahe. Er hatte mit dem technischen Leiter noch ein sehr fruchtbares Fachgespräch, bei dem er deutlich spüren konnte, daß man in diesen Kreisen seine Entdeckung durchaus zu würdigen wußte, daß man seine Arbeit schätzte und daß man sich auch für die Zukunft viel von ihm versprochen hätte. Aber man wollte keinen Streit im Betrieb.

Er hatte während dieser beiden ersten Engagements bei Wüba und Seilschill von jeweils einem halben Jahr bei seinen Eltern gewohnt und einiges Geld zurückgelegt. So mußte er nicht sofort nach den Auseinandersetzungen bei Seilschill eine neue Stelle suchen, sondern konnte einige Wochen Urlaub machen. Er ging viel spazieren und dachte über seine Zukunft nach. Er wußte nicht recht, ob er mehr zum Forscher geeignet war oder zum Mann der Produktion. Oder zu was war er sonst berufen? Um den Zweifeln und dem Nichtstun ein Ende zu machen, belegte er ein paar Kurse: zwei mehrtägige Seminare »Chemiefasern« an der Textilfachschule in Aschaffenburg, ein Wochenseminar »Automation und Rationalisierung in der Textilindustrie« sowie mehrtägige Fortbildungsseminare über Wirkerei und Strickerei beim RKW (Rationalisierungskuratorium der Deutschen Wirtschaft). Daneben frischte er seine Englisch-Kenntnisse in einem Intensivkurs auf.

Bei diesen Fort- und Weiterbildungsbemühungen erhielt er sehr gute Bescheinigungen: über erfolgreiche Kursteilnahme, erfolgreich abgelegte Kursabschlußprüfungen, erfolgreiches Erreichen des Lehrgangsziels. Alles schriftlich, mit Siegel und Unterschrift. (Es soll nur keiner glauben, daß diese Dokumente von selbst anfallen, wenn die Kursgebühren bezahlt sind.)

Drittes Zeugnis

»Herr Ingenieur (grad.) M. Wesslingen, geboren am 1. 3. 1921, trat am 2. Januar 1956 in die Dienste unserer Gesellschaft ein. Herr

Wesslingen wurde zunächst für Entwicklungsarbeiten in unserem Labor eingesetzt. Später wurde er mit den Aufgaben des Betriebsingenieurs in der Form betraut, daß von ihm neben der Hochdruckkessel- und Dampfturbinenanlage auch die angegliederten Hilfsbetriebe (Schlosserei, Elektrowerkstatt und Tischlerei) betreut wurden.

Im Zuge einer organisatorischen Neugliederung der Fertigung entbanden wir Herrn Wesslingen von diesen Aufgaben und übertrugen ihm den Ausbau der Arbeitsvorbereitung. In diesem Aufgabenbereich hatte er zu tun mit der technischen Rationalisierung, der Fertigungsgestaltung, dem Akkordwesen sowie der Betriebsstatistik.

Anläßlich einer weiteren organisatorischen Ausgestaltung des Betriebes wurde Herr Wesslingen ab Herbst 1961 in die neu geschaffene Abteilung Produktionsplanung versetzt. Sie umfaßte die Arbeitsgruppen Arbeitsvorbereitung, Arbeitsführung (Fertigungs- und Terminplanung- und -steuerung, Materialdisposition) Anlagen- und Unterhaltsplanung sowie das Lagerwesen für den technischen Bereich. Außerdem beriet Herr Wesslingen eines unserer Zweigwerke in REFA-Angelegenheiten.

Aufgrund seiner englischen Sprachkenntnisse reiste er für den Betrieb mehrmals nach den USA und nach Großbritannien.

Herr Wesslingen hat die ihm übertragenen Aufgaben stets zufriedenstellend gelöst. Die Planungsaufgaben wurden von ihm mit gutem Blick für die betrieblichen Notwendigkeiten durchgeführt. Den nicht einfachen Problemkreis der leistungsgerechten Entlohnung hat er selbständig behandelt und auch die notwendigen Verhandlungen mit dem Betriebsrat geführt. Er verstand es, sich stets richtig einzusetzen und selbständig zu arbeiten.

Sein Auftreten gegenüber Vorgesetzten und Kollegen war angenehm und korrekt, seine Führung einwandfrei.

Herr Wesslingen scheidet zum 31. 3. 1962 auf eigenen Wunsch bei uns aus.

31. 3. 1962, Bertens KG«

Bertens KG war sein erstes längeres Engagement, sechs Jahre. Sicher könnte ein mißtrauischer Leser dieses dritten Zeugnisses sagen, die verschiedenen betrieblichen Umorganisationen seien nur Vorwand gewesen, Wesslingen immer wieder in andere Abteilungen abzuschieben. Dem war nicht so! Er hatte im Labor von Bertens KG seine zweite Frau gefunden (von seiner ersten war er seit einem Jahr geschieden). Er hat sie geheiratet – reine Liebesheirat mit Hochzeitsreise nach Venedig und so weiter. Jedenfalls hat sie, seine Hilde, ihm danach die Augen geöffnet über alle Interna von Bertens KG. Denn sie war schon einige Jahre dagewesen, als er kam, und sie kannte fast alle leitenden Herren des Hauses, rein geschäftlich natürlich. Sie machte ihm rasch klar, daß er aus der Entwicklung heraus müsse. Der Chef da, der Dr. Mühler, könne Wesslingen nicht leiden, weil er seine Erfahrungen aus anderen, modernen Betrieben fürchte und weil er Angst habe, daß ihn, den promovierten Vollakademiker, ein Fachschulingenieur überflügeln könne. Ein kluges Kind war sie schon, seine Hilde. Darum bemühte er sich auch um den Job als Betriebsingenieur.

Die dann folgenden Positionswechsel innerhalb des Hauses Bertens KG waren, genau betrachtet, ein ständiger Aufstieg für ihn. Im Labor hat einer doch überhaupt keine Verantwortung. Dagegen hatte er in der Position als Betriebsingenieur eine ungeheure Verantwortung, allein schon durch die Hochdruckkessel- und Dampfturbinenanlage. Ein paar falsche Griffe und der ganze Laden wäre auseinandergeflogen mit all den schrecklichen Folgen für die Menschen. Und diese Menschen waren es gerade, die ihn zunehmend interessierten, ja fesselten.

In seiner Position, die er nach dem »Betriebsingenieur« bei Bertens KG einnahm, und die einen weiteren Aufstieg von der Verantwortung her bedeutete, traf er Vorentscheidungen über die langfristige Zukunft vieler Betriebsangehöriger und ihrer Familien. Denn er arbeitete an der langfristigen Produktionsplanung und damit auch an der langfristigen Erhaltung der Arbeitsplätze.

In der letzten Position bei Bertens KG war er dann ganz nahe an den Menschen, den einzelnen Arbeiter im Betrieb herangekommen: Er war zuständig für den Problemkreis der leistungsgerechten Entlohnung. Dazu muß man ein psychologisches Einfühlungsvermögen und ein Gespür für das Zwischenmenschliche haben. Man muß fähig sein, auch charakterlich überzeugend, schwierige Fälle durchzustehen. Er brauchte da nur an die Schicht III aus der Näherei zu denken. Und an Fräulein Meier, die ihn weinend anflehte, stundenlang, bis er einem außerordentlichen Akkordzuschlag von einem Pfennig pro Stunde (mehr oder weniger deutlich) zustimmte. Und dann hatte er alle sechsunddreißig Damen der Schicht III in seinem Büro, und Fräulein Meier hatte die Tür vorsorglich zugeschlossen. Er überstand es. Aber einige Tage danach erhielt er seine Papiere und auch sein Zeugnis. Da stand es ja dann auch schwarz auf weiß: »Sein Auftreten gegenüber Kollegen war angenehm und korrekt, seine Führung einwandfrei.« Er brauchte eine Verschnaufpause nach diesen Erfahrungen mit den arbeitenden Menschen. Man hatte ihm großzügigerweise gestattet, während der Kündigungsfrist von sechs Monaten nicht mehr im Betrieb erscheinen zu müssen. Das war ihm recht so, weil er das Geschwätz im Zusammenhang mit der Akkorderhöhung fürchtete. Die Leute bei Bertens KG erzählten sich hinter vorgehaltener Hand die absurdesten Geschichten über ihn, Wesslingen, und Fräulein Meier und auch über die Szenen, die sich dann mit der Schicht III hinter verschlossenen Türen abgespielt haben sollen. Unsinniges Zeug, einfach abwegig! Ein Glück, daß seine Hilde nicht mehr berufstätig war, sie erwartete ihr erstes Kind, und sie hatte sich entschlossen, nicht mehr zu arbeiten.

Er hatte wieder viel Zeit nach der Kündigung und konnte über seine Berufung und seine Begabung nachdenken. Er wußte, daß er von Menschenführung etwas verstand. Er hatte eine natürliche Autorität und er hatte Ausstrahlungskraft. Seine Hilde bestätigte ihm das. Auch die einfachen Leute im Betrieb bei Bertens KG sprachen gern und offen mit ihm über ihre Probleme.

Am Ende seines Nachdenkens kam er zu dem Ergebnis, daß die Textiltechnik und die Entwicklung für ihn nur der Einstieg gewesen waren in die Produktion schlechthin. Und hier in der Produktion hatte er den Menschen als den wichtigsten Faktor erkannt. Ihm wollte er fortan seine ganze Energie widmen. Der Erforschung des Menschen im Produktionsprozeß galt sein vornehmstes Interesse fortan, und er wußte, daß sich hier seinem angeborenen wissenschaftlichen Hang ein weites und dankbares Feld eröffnete. Er belegte auch wieder einige Kurse: Ganztägige Seminare über Menschenführung und Betriebsorganisation, einen Kurs »Motivation und Leistungsdenken« und einige Vorträge über »Konfliktstrategie und Zukunftsbewältigung«.

Viertes Zeugnis

»Herr Ingenieur M. Wesslingen, geboren am 1. 3. 1921, war vom 1. Juli 1962 bis zum 31. Dezember 1967 in unserem Unternehmen tätig. Er war dem zuständigen Direktor für den Bereich Personalplanung/Technik als Assistent zugeordnet.

Herr Wesslingen wurde vom Beginn seiner Tätigkeit an mit bestimmten Sonderaufgaben, die er selbständig zu lösen hatte, betraut. So hatte er die Möglichkeiten von Fortbildungsveranstaltungen für Filialbetriebe im Einzugsgebiet des Hauptwerkes unserer Firma auszuarbeiten. In diesem Zusammenhang entwickelte er selbständig einz Konzept mit interessanten, neuartigen Gedanken. Bei diesem, zur Zeit aus Kostengründen noch nicht realisierten Projekt führte Herr Wesslingen auch die notwendigen Verhandlungen mit staatlichen und örtlichen Behörden. Im Rahmen der Erstellung eines Fabrikneubaus hatte Herr Wesslingen den Auftrag erhalten, die Personalplanung durchzuführen. Dies galt insbesondere für die Aufnahme des Ist-Zustandes.

In den letzten beiden Jahren seiner Tätigkeit in unserem Unternehmen prüfte Herr Wesslingen Ansiedlungsmöglichkeiten in Irland unter besonderer Berücksichtigung der dortigen Personalsituation. Er stellte die erforderlichen Rentabilitätsberechnungen an und führte die notwendigen Verhandlungen mit den irischen Behörden.

Nach Erstellung des Neubaues in Irland wurde Herr Wesslingen als Personalleiter dort eingesetzt. Er führte ein von den irischen Finanzbehörden anerkanntes Lohnabrechnungssystem ein.

Als Personalleiter oblagen Herrn Wesslingen besonders der Ausbau des Werkes in Irland in personeller Hinsicht und die Vertretung der Firma gegenüber der irischen Gewerkschaft.

Herr Wesslingen hat die ihm übertragenen Aufgaben mit Gründlichkeit ausgeführt. Er war ein jederzeit ehrlicher Mitarbeiter. Sein Auftreten und sein Verhalten gegenüber Vorgesetzten und Untergebenen waren tadelsfrei.

Herr Wesslingen scheidet aus unseren Diensten aus, da wir aufgrund besonderer Umstände unsere Niederlassung in Irland wieder schließen mußten.

Wir wünschen ihm für die Zukunft sowohl persönlich als auch beruflich alles Gute.

31. 12. 1967, Zellrado GmbH.«

Keiner hatte ihn für diese Werksschließung direkt verantwortlich gemacht. Er hatte wirklich alles getan in den Verhandlungen mit der irischen Textilarbeitergewerkschaft. Tage und Nächte hatte er verhandelt, alle Möglichkeiten ehrlich ausgelotet und dann einen Kompromiß zustande gebracht, der den drohenden Streik abgewendet hätte. Natürlich hatte er selbständig verhandelt, eigenverantwortlich. Er konnte es dann einfach nicht fassen, daß die Zellrado GmbH diesem Kompromiß ihre Zustimmung versagte. Das Zweigwerk war doch erst in der Anlaufphase, und man wußte doch in der Zentrale, daß es eine Zeitlang ohne Zuschüsse nicht gehen würde. Warum dann diese Härte gegenüber Menschen, deren Wünsche so einsichtig und auch so gemäßigt waren. Die irischen Löhne lagen weit unter deutschem Durchschnitt. Da hätte man doch ohne Schwierigkeiten den von ihm ausgehandelten Lohnerhöhungen zustimmen können. Das ganze Arbeitsklima hätte sich verbessert, die Leute wären dankbar gewesen, eine echte Vertrauensbasis und damit die besten Voraussetzungen für die Produktion wären entstanden.

Aber das zählte offensichtlich alles nicht. Man schloß das Zweigwerk. Von einem auf den anderen Tag wurde dicht gemacht, und die Leute standen auf der Straße. Er auch, denn zurück in die Zentrale konnte er nicht mehr. Für die Personalplanung hatte man damals, als er nach Irland ging, einen neuen Mann eingestellt.

Nach einigem Suchen fand er bei Meiermann eine Stelle in der Arbeitsvorbereitung für den Schwergewebebereich. Er hatte etwas zurückstecken müssen im Gehalt. Direkt mit Menschen in der Produktion hatte er aber immer noch zu tun, und das versöhnte ihn mit seiner relativ niedrig angesiedelten Position. Und er hatte auch schon wieder eine Idee: über die Humanisierung des Akkordsystems im Schwergewebebereich . . .

Der Erfinder

Er war schon immer in unserem Hause tätig, seit über zwanzig Jahren jedenfalls, immer im Labor (wir sind ein bekanntes Großunternehmen der chemischen Industrie). Es war seine Aufgabe, für ein bestimmtes Pharmaprodukt die Qualitätsprüfungen durchzuführen. Mit einer Batterie von Meßgeräten und einigen Reagenzien kam er fast jeden Tag zu den gleichen Ergebnissen. In einem Bericht gingen diese Werte dann an die Leitung der Fertigung. Manchmal traten geringfügige Schwankungen auf, dann mußte er über diese Abweichungen einen roten Bericht anlegen, den er selbst unverzüglich dem Leiter der Fertigung persönlich auszuhändigen hatte.

Nach Feierabend und an den Wochenenden pflegte und züchtete er eine in Fachkreisen vielbeachtete Mäuserasse, die nach ihm benannte Mellersche Kreuzung. Im Keller seines vom Vater geerbten Einfamilienhauses hatte er in acht großen Käfigen eine moderne Zuchtstation eingerichtet. Hier besorgte er sogar die Reinigungsarbeiten selbst, während er für das übrige Haus eine Putzfrau engagiert hatte.

Er liebte seine Mäuse und kannte den Charakter seiner kleinen Freunde sehr genau. Er sprach mit ihnen und achtete bei der Fütterung darauf, daß die Reihenfolge eingehalten wurde, daß sie alle die gleichen Portionen erhielten und daß sie alle die gleiche Zeit zum Fressen hatten. Über die Käfige hatte er eine Lampe gehängt, die auch ihm Licht gab, wenn er nach der Fütterung dort saß und seine Fachbücher las. Dabei hatte er dann Karl oder Maria auf dem Tisch sitzen und streichelte sie. Manchmal schliefen sie auch in seiner Hand ein.

Er war ein hervorragender Fachmann der Qualitätskontrolle, nicht mehr, aber auch nicht weniger. Zu den Kollegen vom Labor war er freundlich und aufgeschlossen, obwohl er nie mitging, wenn da ein gemeinsamer Kegelabend oder ein Besäufnis geplant war. Er mußte doch zu seinen Mäusen, und die Kollegen respektierten das, erstaunlicherweise.

Die Vorgesetzten schätzten ihn als feste, nie zweifelhafte Größe, so ähnlich wie die nie schwankende Qualität der Produkte, die er prüfte.

Anfang dieses Jahres haben wir das neuerbaute Pharma- und Rohstoffwerk III mit eigenständiger Produktion, Entwicklung und Qualitätskontrolle in Betrieb genommen. Nach der Überprüfung der Anlagen, der Rezepturen und nach einigen Probeläufen mußten wir feststellen, daß das Werk so nicht produktionsfähig sein würde. Auch mehrere zugezogene Berater bestätigten das.

Zu diesem Zeitpunkt bestanden Kontrakte in der Größenordnung von mehreren Millionen DM. Durch Improvisation gelang es uns, diese Kontrakte mit mittelmäßiger Ware zu erfüllen. Gleichzeitig versetzten wir einen Stab erstklassiger Mitarbeiter aus dem Stammwerk I zu dem neuen Pharma- und Rohstoffwerk III, unter ihnen auch Meller von der Qualitätskontrolle. Es gelang ihnen, die schwierige Anlaufphase relativ rasch zu überwinden und durch neue Verfahren sowie teilweise Umstellung der Produktion international wieder konkurrenzfähig zu werden. Neben anderen war Meller daran wesentlich beteiligt, weil er mit großer Zähigkeit und viel persönlichem Einsatz den vom Stammwerk I gewohnten Qualitätsstandard auch dort im neuen Werk III durchsetzen konnte.

Als Anerkennung für seine Leistungen erhielt er sein eigenes kleines Labor eingerichtet. Sicher hatten wir dabei auch eine klare Absicht, ein Ziel (was wir ihm natürlich nicht sagten). Er hatte während der turbulenten Pionierphase des Pharma- und Rohstoffwerkes III einige interessante Ideen für neue Produktionsverfahren entwickelt. Wir hofften, daß er die in dem neuen kleinen Labor weiterentwickeln würde.

Es klappte auch. Meller war wie umgedreht. Er hatte ein kleines Talent gezeigt, eine kleine Idee gehabt, und er hatte Anerkennung dafür gefunden. Das schöne kleine, eigene Labor regte ihn mächtig an. Es war wie ein zweiter Frühling für ihn. Immerhin war er gerade fünfzig geworden. Er belegte nun Kurse, verdoppelte seine Fachlektüre und war morgens oft schon um sieben an seinem Platz. Der Chef der Forschung förderte ihn kräftig und sprach oft mit ihm über die neuen Produktionsmethoden. Im Grunde hoffte er, die neuen Produktionsmethoden von Meller selbst zu begreifen, um sie dann zu einem bestimmten Zeitpunkt als sein eigenes Patent anzumelden. Diesem Freund vertraute Meller auch an, daß alle diese Ideen schon lange in ihm geschlummert hätten, er habe sich nur nie so recht herausgetraut damit. Das sei alles erst der kleine Anfang einer möglicherweise ganz großen, geradezu revolutionären Änderung aller Fertigungsmethoden in der Pharmaindustrie. Er habe so seine Träume, die sein ganzes Denken und Handeln beherrschten. Und einen dieser Träume habe er auch schon verwirklicht, die Mellersche Kreuzung. So erfuhren wir die Geschichte mit den Mäusen und vergaßen sie auch wieder, weil sie keine Bedeutung für unsere Produktion hatte.

Nach einigen Monaten begannen sich unsere Investitionen für Mellers Idee zu lohnen. Er kam, bevor unser Forschungschef etwas begriffen hatte, mit einer praktikablen Lösung, die Fertigung von Xylüranmylin bei gleichbleibender Rohstoffgrundlage und ebenfalls gleichbleibender Qualität des Endprodukts etwa um 40% billiger zu produzieren. Er erhielt die verdiente Anerkennung, Gratulation und Beförderung in die Schicht Z 12. Außerdem erhielt er die Erlaubnis, in den einschlägigen Fachblättern Artikel zu veröffentlichen; lediglich mit der Auflage, dabei immer in diskreter Form unseren Firmennamen zu nennen.

Meller wurde bald zu einem in der Branche bekannten Fachmann und Spezialist für die Rationalisierung von Fertigungsmethoden in der pharmazeutischen Industrie. Aber er wurde für uns auch ein Kostenfaktor. Nicht, daß er direkt größenwahnsinnig wurde, aber er verlor zunehmend den Kontakt zur Realität, zu unseren echten Anliegen. Schließlich wollten wir noch mehr Ideen von ihm nach der einen geglückten Sache. Wir produzieren Hunderte von Präparaten, ein weites Feld also für kostensparende Fertigungsmethoden. Aber Meller verstand da irgend etwas nicht richtig. Als alles gute Zureden und Anregen und Motivieren nichts half, kamen wir zu der Meinung, daß ihn das Alleinsein in seinem eigenen kleinen Labor vielleicht so eigensinnig hatte werden lassen. Wenn man ihn in das große Zentrallabor des veterinären Zweiges versetzte, dachten wir, dann würde er unter den vielen Kollegen da auf anregendere, jedenfalls andere Gedanken kommen. Und die Konkurrenz anderer Forscher würde ihm schon den nötigen Druck geben, neue Fertigungsverfahren zu entwickeln.

Nachdem wir das beschlossen hatten, eröffnete ich ihm, daß wir aufgrund von Änderungen der Produktionspalette andere Schwerpunkte setzen müßten und er dringend im Zentrallabor des veterinären Zweiges gebraucht würde:

»Viel Glück in der neuen Position, und räumen Sie doch bitte Ihr Labor bis heute nachmittag, wir brauchen es für andere Zwecke, Sie wissen schon ... Ihr neuer Platz ist bei Dr. Zutt, er erwartet Sie schon mit Interesse ...«

Er hielt es da nur einen Tag aus, dann wurde er schwierig, und wir mußten ihm fristlos kündigen.

Ich habe das Verhalten von Meller damals überhaupt nicht verstehen können. Bei der Position, die er bei uns erreicht hatte, seinem hohen Einkommen und dem Ruf, den er sich in der Fachwelt erworben hatte, hatte ich erwartet, daß er in der Lage wäre, ein vernünftiges Gespräch über seine Schwierigkeiten zu führen. Aber er lief einfach weg, unverständlich – unverständlich bis heute nachmittag. Da fand ich die Erklärung: Da hörte ich einem Gespräch zu, das zwei Mädchen hier im Kasino führten. Beides nette Menschen, Lehrlinge aus dem Zentrallabor des veterinären Zweiges von Dr. Zutt. Sagte die eine:

»Mensch, heute war ein anstrengender Tag, stell dir mal vor, was wir machen mußten ... wir mußten Mäuse kastrieren!«

»Mäuse kastrieren«, fragte die andere belustigt, »aber die haben doch nur so ganz kleine ...« Und dann lachten beide.

»Ja«, sagte die erste, »mit einer Nadel. Du mußt genau treffen. So siebenhundert Stück habe ich heute geschafft. Klappt ganz gut jetzt.«

»Na, ja«, sagte die andere, »bei mir klappt es noch nicht so gut, wir mußten heute wieder diesen Griff üben, weißt du, wir dürfen die Viecher doch nicht mit chemischen Mitteln tot machen, und da hat der Dr. Meier einen Spezialgriff entwickelt, wenn du den kannst, dann sind sie sofort tot. Aber, wenn es nicht klappt, dann quietschen die so, und du mußt nochmal ansetzen . . .«

Der Sonderling

»... und glaube ich somit, die gestellte Aufgabe zu Ihrer und meiner vollsten Zufriedenheit lösen zu können«, schrieb er in seiner Bewerbung. Beim Durcharbeiten einer großen Zahl von Zuschriften war mir sein Brief in die Hände gefallen. Er widersprach so völlig der üblichen, erfolgsgesättigten Selbstdarstellung des gesuchten Aufsteigers, daß ich zunächst belustigt, dann aber mit zunehmendem Staunen weiterlas. Der ganze, fünf Seiten lange Brief strahlte Zufriedenheit aus, Zufriedenheit mit sich selbst. Der in der Anzeige geforderte tabellarische Lebenslauf fehlte, das Lichtbild fehlte, die Zeugniskopien fehlten, die Handschriftprobe fehlte – macht ja nichts, schien er sagen zu wollen, ich werde das zu Ihrer und meiner vollsten Zufriedenheit machen:

»Mein Geburtsort heißt Annawyler, eine Marktgemeinde im Landkreis Burzei in Niederbayern. Dort kam ich am dreizehnten des Monats März zur Welt. Meine Mutter lebte im Haushalt ihrer Eltern. Sie hatte drei jüngere Geschwister, so daß ich meine ersten Lebensjahre in brüderlich-schwesterlichem Verhältnis zumindest zur jüngsten Tante, die nur vier Jahre älter war als ich, erlebte. Mein Vater war im Krieg. Ich lernte ihn erst im Alter von fünf Jahren kennen, als er aus der Gefangenschaft zurückkehrte. Er brachte damals die ersten Orangen mit, aus England. Leider auch einige Verletzungen, die ihn bis heute beruflich benachteiligen.

Der Großvater war in den letzten Kriegsjahren politischer Häftling gewesen. So lebte die achtköpfige Familie mit zwei arbeitslosen Männern bis in die fünfziger Jahre sehr bescheiden.

1950 kam ich in die erste Klasse der Volksschule.

1952 bekam ich einen Bruder. Im selben Jahr siedelten wir in die Großstadt über, wo ein Verwandter von uns wohnte.

In der zweiten Klasse der Volksschule hatte ich anfangs gewisse Schwierigkeiten, einerseits mit dem Lehrstoff, andererseits waren da circa 100 Schüler auf zwei Klassen verteilt. Aber in der dritten und vierten Klasse habe ich dann allmählich alle kennengelernt, und es war eine Alltäglichkeit geworden, daß ich einmal von dieser Bande, ein andermal von jener Bande verdroschen wurde, weil ich einer der Kleineren und Schwächeren war.

Ende 1953 bekam ich eine Schwester.

Bruder und Schwester – acht beziehungsweise zehn Jahre jünger – das war nicht gerade ideal. Ich mußte die Rolle des Großen, Vernünftigen, des Aufpassers übernehmen, obwohl ich lieber mit Gleichaltrigen dieses oder jenes angestellt hätte. Andererseits hat es mir doch auch Spaß gemacht, als Großer bei allen Arbeiten im Haus und Garten mitmachen zu dürfen.

In der sechsten Klasse wurde ich dann in die benachbarte Schule abgeschoben, weil der Weg dorthin gleichlang war mit dem bisherigen Schulweg und dort ein paar Schüler meines Jahrgangs weniger waren.

Der Sommer 1958 brachte dann die Qual der Berufswahl. Das neunte Schuljahr war zwar angekündigt, aber zu meiner Zeit noch nicht eingeführt worden. So meinte der Lehrer, man solle mich auf eine weiterführende Schule schicken, weil gewisse Anzeichen von Begabung da seien. Ich wollte gern Flieger werden, egal wie, wenn auch nur als Hubschrauberpilot.

Mein Vater, der mal hier, mal da als Hilfsarbeiter beschäftigt war, meinte, ein guter Fachberuf und eine entsprechende Ausbildung seien die beste Grundlage für das spätere Leben. Wenn ich mehr werden wolle als er, müsse ich mich halt anstrengen und Gelegenheit für Gelegenheit ausnutzen.

Meine Neigung zur Technik und die Tatsache, daß man als Maschinenschlosser in den verschiedensten Berufssparten tätig sein kann, gaben letztlich den Ausschlag, mich um eine derartige Lehrstelle zu bewerben.

Meine Entscheidung, zur Firma Zollfritz zu gehen, fiel schon am Tage der Aufnahmeprüfung. Es imponierte mir, daß man außer in Bruchrechnen und Rechtschreibung auch auf Geschicklichkeit und Eignung durch vielfältige Tests geprüft wurde. Die Wahl bestätigte sich als gut getroffen, denn was man dem Betrieb von außen nicht ansehen konnte, zeigte sich jedes Jahr am guten Ergebnis der Lehrabschlußprüfungen vor der Industrie- und Handelskammer. Die Lehre und der Besuch der Berufsfachschule für Maschinenschlosser dauerten dreieinhalb Jahre.

In der Lehrwerkstatt verbrachte ich eine gute Zeit. Ich hatte die letzten eineinhalb Jahre die Aufsicht über die nachfolgenden Jahrgänge von Lehrlingen und Praktikanten bei der Ausbildung an den Maschinen bekommen.

Und letztlich konnte ich bei der Facharbeiterprüfung gut abschneiden. Ebenso bei der Abschlußprüfung der Berufsschule, wofür ich eine Anerkennungsurkunde der Stadt Münster bekam. Vom Beginn des dritten Lehrjahres an besuchte ich auch in Abendkursen die erste und die zweite Klasse der Berufsaufbauschule.

Meine Lehre ging zu Ende, und ich arbeitete in der Abteilung Werkzeugbau bei meinem Lehrherrn. Zum Winterhalbjahr 1962 mußte ich dieses Arbeitsverhältnis lösen, da die Abschlußklasse der Berufsaufbauschule in Ganztagskursen weiterging. Als Abschlußzeugnis erhielt ich 1963 das Fachschulreifezeugnis, das die mittlere Reife einschließt.

1963 begann ich mit dem Studium zum Ingenieur (graduiert) Fachrichtung Elektrotechnik. In dieser Zeit erhielt mein Vater nach langer Krankheit eine Rente, und da ich mein Studium selbst finanzierte, klappte es trotz Studienförderung nicht mehr so recht. Insgesamt mußte ich drei Semester wiederholen, bis ich endlich im Sommersemester 1969 erfolgreich abschließen konnte.

In der Zeit von 1963 bis 1969 habe ich die verschiedensten Tätigkeiten ausgeführt, primär um Geld zu verdienen, sekundär, um hier und da die Nase ein bißchen hineinzustecken.

So kam ich dann auch zu der Firma Müller. Ich fing da an als Zeichner, teilweise halbtags, teilweise ganztags. Später konnte ich Pläne zum Teil selbst erstellen und machte alle im Büro anfallenden Arbeiten.

Anfangs 1968 bis Mitte 1969 war ich direkt auf den Baustellen beschäftigt. Die Tätigkeit dort erstreckte sich auf die Abwicklung der ganzen Schreibarbeiten, über die Baustellenaufsicht bis hin zur Montage und Instandhaltung der Anlagen. Hier konnte ich immer an der frischen Luft sein und hatte zu allen ein sehr kameradschaftliches Verhältnis.

Mit der Übernahme ins Angestelltenverhältnis als Ingenieur (grad.) blieb mir die Betreuung und die Abrechnung dieser Baustellen, weil ich die Anlagen und die Herren der Bauleitung gut kannte.

Neben dem Fuhrpark und der Geräteverwaltung, die ich auch noch mitmachte, blieb dann eben nur wenig Zeit für die Technik. Aus Konjunkturgründen wurde nun mein Arbeitsverhältnis zum 1. Juli gelöst. Damit war ich einverstanden, denn ich sah die finanziellen Schwierigkeiten meines Arbeitgebers wohl ein. In der Zwischenzeit habe ich neben einem ergiebigen Urlaub einige Umbauarbeiten an meinem Elternhaus gemacht.

Aus diesem, meinem Werdegang, hoffe ich, können Sie die richtigen Schlüsse ziehen.

Ich jedenfalls glaube, die von Ihnen gestellte Aufgabe somit zu Ihrer und meiner vollsten Zufriedenheit lösen zu können.«

Ich weiß nicht, was mich trieb, ihn zu einem Vorstellungsgespräch einzuladen. Ich tat es aus einem Impuls heraus, eigentlich mehr aus Spaß. Am Freitag, dem 17., nachmittags, hatte ich keine besonderen Termine. »Warum sollst du dir nicht auch mal einen ›Verrückten‹ ansehen, so als Kontrast zu den vielen ›Normalen«, dachte ich. Und dann kam er auch, am 17., nachmittags. Plötzlich stand er in meinem Büro. Am Empfang war er freundlich lächelnd vorbeigelaufen, und meine Vorzimmerdame hatte er lächelnd mit einem »Schon gut, schon gut« zur Seite geschoben.

»Ist ja wirklich sehr nett von Ihnen, daß Sie mich empfangen haben«, sagte er, »wirklich sehr nett. Und so, wie Sie sind, so freundlich lächelnd, habe ich Sie mir auch vorgestellt. Wissen Sie, ich versuche mir immer die Menschen vorzustellen, zu denen ich gehe, wie sie aussehen, sich geben, wie sie sprechen und was sie mir sagen werden . . .«

Und in dem Stil ging das weiter. Er war gar nicht zu stoppen, völlig verrückt, ganz deutlich eine Ecke ab, sämtliche Schrauben raus. Ich wollte ihn auch gar nicht unterbrechen, weil man ja schon gehört hat, daß so Leute dann gefährlich werden können. Komisch wurde mir die Sache nur, als er seine Aktentasche aufmachte und verschiedene Apparate herausholte, die er alle auf meinem Schreibtisch aufbaute.

»Das sind die Ergebnisse meines Hobbys«, sagte er, »ich bin doch Ingenieur, und da bastle ich so vor mich hin und denke, irgend etwas wird schon dabei herauskommen. Sehen Sie mal hier, diese gedoppelte X-Schaltung mit sieben Relais, über zwei Verstärker und fünfzehn Widerstände, wenn ich den Anschluß über diese Batterie hier mache, werden Sie sich wundern, was dieses kleine Maschinchen alles leisten kann . . .«

»Nein, bitte nicht, ich glaube Ihnen ja auch so«, sagte ich mit zunehmender Unsicherheit.

»Aber Sie brauchen mich gar nicht zu bitten, Sie werden verblüfft sein. Die Wirkung ist ja auch räumlich unbegrenzt. Wir werden zusammen auf Sternen reiten, sage ich Ihnen – mit der Schubkraft . . .!«

Ich hatte große Mühe, das Gespräch wieder in geordnete Bahnen zu lenken, aber es ging. Nach einer weiteren Stunde dachte ich, so verrückt ist der gar nicht, vielleicht etwas sonderbar, aber wir brauchen dringend einen Aushilfsboten für vierzehn Tage. Das würde er sicher schaffen. Besonders, als er mir dann seine Maschinen schenkte und ich sie genauer betrachten konnte, da hatte ich keine Bedenken mehr. Es waren sinnlos zusammengelötete Elektronikbauteile.

Ich wollte ihn loswerden, und ich brauchte einen Ersatzboten, darum stellte ich ihn ein. Er war sehr glücklich.

»Eigentlich bin ich Ingenieur«, sagte er, »aber es ist mir eine ungeheure Befriedigung, für so ein großes Unternehmen arbeiten zu dürfen.«

Ich verständigte die Botenmeisterei, man solle ein besonderes Augenmerk auf ihn richten. Der Botenmeister verstand sofort. Wir haben öfter etwas seltsame Leute als Boten, aber es geht immer gut.

Nach vierzehn Tagen kam er noch einmal unangemeldet in mein Büro. Er hatte wieder meine Vorzimmerdame nett lächelnd zur Seite geschoben. Er wolle sich verabschieden, sagte er, und wenn ich ihn mal brauche, könne ich ihn erreichen, über die Telefonnummer seiner Tante; die würde ihn schon verständigen. Und jetzt würde er sich wieder eine Stelle suchen, wo er an der frischen Luft sein und nachts die Sterne sehen könne, und er sei mir immer dankbar, das wisse ich doch.

3× rausgeschmissen

1. Fall
Ich war bis vor achtzehn Monaten bei einer Hamburger Importagentur als Gebietsverkaufsleiter und Chef der Niederlassung (Nielsen II) angestellt. Das war eine schöne selbständige Position mit eigenem Lager und Büro, einigen Hilfskräften, Sekretärin, kleinem Fuhrpark, Firmenwagen. Ich war mein eigener Chef. Die Position hatte ich auch verdient. Ich bin jetzt 53 Jahre alt und seit sieben Jahren bei der Hamburger Importagentur angestellt. Von Haus aus bin ich gelernter Exportkaufmann, spreche fließend Englisch, Französisch und Spanisch. Ich brachte damals vor sieben Jahren für die Agentur viel Praxiswissen und Know-how mit aus dem internationalen Warenverkehr und Exportgeschäft. Nachdem ich das Fernost-Geschäft von der Zentrale aus lange genug – so zwei Jahre – mit Erfolg gemacht hatte, gab man mir die Niederlassung. Ich habe das Geschäft in den letzten Jahren hochgezogen. Mein Vorgänger hatte ja nur verwaltet und den Dingen ihren Lauf gelassen.

Vor achtzehn Monaten nun hat diese Hamburger Importagentur, die hauptsächlich von der Generalvertretung des bekannten argentinischen Fleischkonservenkonzerns XYZ lebte, diese Generalvertretung an einen anderen US-Konzern verkauft, dessen europäische Tochtergesellschaft ebenfalls ihren Sitz in Hamburg hat. Darauf trat der Inhaber der Importagentur an mich heran und bat mich, ich solle mich um eine neue Arbeit bemühen, denn er habe keine Verwendung mehr für mich. Die Niederlassungen seien ja alle aufgelöst, und es würde ihm auch sehr schwerfallen, noch weitere drei Monatsgehälter für mich aufzubringen. Durch die siebenjährige Betriebszugehörigkeit hatte ich eine Kündigungsfrist von drei Monaten. Einen Tag nach diesem Gespräch boten mir die Amerikaner, die Käufer der Generalvertretung, eine Stelle an, und ich sagte zu. Sie stellten mich sofort ein. Ich habe daraufhin die neue Position auch sofort angetreten und meinen bisherigen Arbeitgeber verständigt, daß er sich um die drei Monatsgehälter keine Sorge machen müsse. Ich würde sofort bei den Amerikanern beginnen. Mein alter Arbeitgeber war auch sofort damit einverstanden, und auf meine Bitte hin erhielt ich 1000 DM als Abfindung. Dabei erklärte er mir, dies sei lediglich bei mir eine Ausnahme als Anerkennung für die immer überdurchschnittlichen Verkaufserfolge. Ich habe dies geglaubt. Ich habe den Worten dieses Firmeninhabers geglaubt, daß die Firma finanziell nicht in der Lage sei oder es nur unter großen finanziellen Opfern möglich sei, meine gesetzliche Kündigungsfrist von drei Monaten einzuhalten und mich während dieser Zeit zu bezahlen. Die Firma hat mir nie in aller Form gekündigt, sondern sie hat mir den raschen Wechsel durch schöne Worte nahegelegt. Ich habe dann erklärt, ich ginge vorzeitig, da ich damals glaubte, es sei finanziell für meinen alten Arbeitgeber sehr schwierig, die Gehälter für die drei Monate noch aufzubringen. In diesem Sinne habe ich auch einen Auflösungsvertrag unterschrieben.

Später habe ich von ehemaligen Kollegen erfahren, daß mein alter Arbeitgeber auch Abfindungen von zwei und drei Monatsgehältern gezahlt hat, wenn man sich bereit erklärte, früher auszuscheiden. Diese Kollegen hatten auf Arbeitsvertragserfüllung bestanden.

Aber wie harmlos ist das im Vergleich zu meiner derzeitigen Lage. Ich hatte damals, als alles so schnell gehen mußte, mit den Amerikanern die Bedingungen des neuen Arbeitsverhältnisses nur mündlich vereinbart und keinen schriftlichen Arbeitsvertrag erhalten. Ich ging davon aus, daß ich praktisch zu den alten Bedingungen von den neuen Herren mitübernommen worden bin. Nach einigen Wochen, als mein alter Arbeitgeber alle seine Geschäfte abgewickelt und sich in die Schweiz abgesetzt hatte, eröffneten mir die neuen Herren, daß alles ganz anders gemeint gewesen sei, damals bei der Übernahme. Sie hätten mir lediglich mit einer befristeten Überbrückung behilflich sein wollen, damit ich mir eine neue Position suchen könne. Und ob ich denn nun eine neue Position hätte? Sie wären ja schließlich und endlich kein Unterstützungsverein. Notfalls würden sie mir kündigen.

Aber es sei doch besser, wenn ich von mir aus kündigte. Das würde sich dann auch im Zeugnis besser machen. Am allerbesten wäre es natürlich, wenn ich ihre Auslegung annähme, daß es sich nur um einen befristeten Vertrag gehandelt habe, der automatisch am soundsovielten ende. Ich könne dann von einem auf den anderen Tag gehen. Vom Termin her würden sie mir dann keine Schwierigkeiten machen, es sei denn, ich sei nach vier Wochen immer noch da.

Da bin ich eben gegangen. Was sollte ich denn sonst machen?

2. Fall

Ich bin vierzig Jahre alt, verheiratet und habe zwei Kinder im Alter von zehn und zwölf Jahren. Nach meiner Ausbildungs- und Schulzeit blieb ich zwölf Jahre bei meiner Lehrfirma (einem Großkonzern), dann war ich acht Jahre bei einem Zehntausend-Mann-Unternehmen der gleichen Branche tätig.

Im Herbst letzten Jahres schaffte ich den Sprung nach oben. Ich trat eine Stelle als Hauptabteilungsleiter (zuständig für den Verkauf einschließlich Außendienst, Werbung und Verkaufsförderung) bei einem kleinen, aber bekannten Unternehmen in München an. Für die Zeit nach der Probezeit von drei Monaten wünschte die Firma eine Kündigungsfrist von sechs Monaten zum Quartalsende. Das Arbeitsverhältnis wurde von beiden Seiten als Dauerstellung betrachtet, deshalb hatte ich auch im Gegensatz zu früher keine Bedenken gegen die relativ lange Kündigungsfrist.

Nachdem in der Probezeit alles sehr gut gegangen war, ich mich auch in die speziellen Belange des Hauses eingearbeitet hatte und die wichtigen Leute sowie die Gepflogenheiten des Mittelbetriebs kannte, kam die vereinbarte lange Kündigungsfrist zum Tragen. Und nun begannen die Schwierigkeiten. Man verlangte, daß ich selbst mit raus gehe an die Verkaufsfront, sagte, daß man mich nicht für teures Geld eingestellt habe, damit ich vom grünen Tisch aus den feinen Mann spiele und anordne, was andere zu tun haben. Jeder müsse in so einem kleinen Betrieb seinen Mann stehen und die Ärmel hochkrempeln, ob ich mir zu gut wäre dafür? – Warum mir denn keine zündenden

Werbe-Ideen einfielen? – Warum ich denn alles so negativ sähe? – Ich sei wohl mehr zu den passiven Konzern-Typen zu zählen . . . Und so weiter, und so weiter – kurz: Innerhalb von vier Wochen nach der Probezeit hatten sie mir die Arbeit so vermiest, daß ich mich entschloß, das Vertragsverhältnis fristgemäß zu kündigen.

Noch am gleichen Tag, an dem ich mein Kündigungsschreiben übergab, kündigte mir die Firma ihrerseits fristlos, aus gewichtigem Grund. Die Gründe weigerte man sich bis heute zu nennen, auch verweigerte man mir bis heute mein Zeugnis. Ich vermute, daß die Firma mir fristlos gekündigt hat, um mich als Verkaufsleiter nicht weiterhin mit Personal und Kundschaft in Verbindung treten zu lassen und um natürlich auch das Gehalt einzusparen. Nach Besprechung mit einem Anwalt ergab sich, daß diese fristlose Kündigung rechtsunwirksam ist, ja, daß sie mit großer Wahrscheinlichkeit sogar sozial- und sittenwidrig ausgesprochen wurde. Darüber hinaus hat die Firma ihre Fürsorgepflicht verletzt, weil sie mich vor der fristlosen Kündigung nicht zu den Gründen gehört hat. Ich habe deshalb Ende Dezember letzten Jahres Klage beim Arbeitsgericht erhoben. Vor meiner fristgerechten Kündigung hatte ich mich nicht um ein neues Arbeitsverhältnis bemüht. Sechs Monate erschienen mir ausreichend für die Suche nach einem neuen Job. Durch die fristlose Kündigung durch meinen neuen Arbeitgeber hänge ich nun mit meiner ganzen Familie in der Luft.

Zurück zu meinem ersten oder zweiten Unternehmen kann ich auch nicht. »Wenn der sogar bei so einem kleinen Klicker-Unternehmen scheitert, was will der dann noch bei uns?« würden die sagen. Und: »Wir dachten, Sie machen groß Karriere.« Gleichzeitig versuchte mein ehemaliger Arbeitgeber, das Gerichtsverfahren mit allen Mitteln in die Länge zu ziehen. Der gegnerische Anwalt macht einen Vergleichsvorschlag nach dem anderen, wobei einer indiskutabler ist als der andere. Wenn ich meinen Prozeß gewinne, hätte ich noch Anspruch auf volle Gehaltszahlung bis 30. 6. Das hat aber auch einen Haken: Ich muß mir anrechnen lassen, was ich anderweitig zwischenzeitlich verdient habe, beziehungsweise hätte verdienen können. Es kommt hinzu, daß ich nicht über so umfangreiche finanzielle Mittel verfüge, um mehrere Monate Lebensunterhalt, Miete, Auto etc. vorzulegen, und auf Kredit will ich schon gar nicht leben. Mir bleibt also gar nichts anderes übrig, als so rasch wie möglich einen Job anzunehmen, der meine Familie auf dem derzeitigen Niveau gut versorgt. Diesen Job habe ich auch rasch gefunden, und zwar mit einer Dotierung, die besser ist als meine letzte. Allerdings handelt es sich um eine Stellung im Investment-Zertifikats-Handel, von Tür zu Tür. Ich habe starke Bedenken, ob ich diesen Posten lange ausfüllen kann, denn er liegt völlig außerhalb meiner Branche und meines eigentlichen Könnens.

Wenn es meiner ehemaligen Firma nun gelingt, den Prozeß vor dem Arbeitsgericht über einige Monate hinaus zu verzögern, dann hat sie erreicht, was sie wollte. Wenn sie verliert und die sechsmonatige Kündigungsfrist als Rechtens erkannt wird, braucht sie nichts zu bezahlen, weil ich mir alles, was ich in dieser Zeit anderweitig verdient habe, anrechnen lassen muß. Eine Abfindung kann ich wegen der Kürze der Firmenzugehörigkeit kaum erwarten. Also die Firma wäre fein heraus. Ich dagegen hatte die ganze Arbeit mit dem Prozeß und erhebliche Kosten, da der Gerichtsort nicht an meinem Wohnsitz war und ich zu jedem Termin anreisen mußte.

Natürlich versuche ich, einen neuen Arbeitsplatz zu finden, der meiner früheren Tätigkeit entspricht. Aber man darf nicht vergessen, daß ich mit dem Makel belastet bin, nach einer gut angelaufenen Karriere in zwei Großunternehmen in einem Kleinunternehmen gescheitert zu sein und einen Arbeitsgerichtsprozeß gegen diesen Arbeitgeber geführt zu haben. Ich hatte nun mehrfach bei Vorstellungen den sicheren Eindruck, daß man in der Branche schon informiert ist. Ich bin abgestempelt als »arbeitsscheuer Querulant«. Zufällig hatte ich das gehört, als ich eine Unterhaltung zwischen zwei Personalleuten mitbekam, nach einer Vorstellung. Sie meinten wohl, ich sei schon draußen, und die Tür sei zu. »Wollen Sie so einen haben, der ständig zum Arbeitsgericht rennt?« – »Um Gottes willen . . .«

3. Fall

»Ich arbeitete hier in einer kleinen Textilfirma, Familienbetrieb, in einer kleinen Stadt in Bayern. Der Wechsel hierher war damals vor zwei Jahren für mich reizvoll, weil ich zwar hier auf dem ›Land‹ sitze (80 Kilometer bis zur Kreisstadt), dafür aber eine leitende Führungsposition einnehme.

Vor einem Jahr hat der Firmeninhaber seinen Sohn von der Universität genommen, weil der das Examen auch im dritten Anlauf nicht geschafft hatte. Er wurde in der Firma eingesetzt, in verschiedenen Bereichen. Erst hieß es, er sei nur auf Ferienjob, dann wieder, er solle sich mal umsehen und lernen, wie so ein Unternehmen funktioniert, und dann hieß es: Er bleibt hier. Aber er war absolut überflüssig. Denn nach dem Firmenchef kam ich. Ein Management wie in großen Unternehmen hatten wir nie. Ich habe den Chef oft vertreten, Verkaufsverhandlungen mit den Großabnehmern selbständig geführt, den Einkauf gemacht, die Produktion geplant und kontrolliert, und ich war auch für die Buchhaltung in letzter Konsequenz entscheidend.

Mit mir auf gleicher Stufe stand Fräulein Meier, die Chef-Direktrice, die für das Modische verantwortlich zeichnete. Ich hatte immer ein gutes Verhältnis zu ihr, auch privat, – bis zu dem Zeitpunkt, als der Junior mit aller Gewalt in die Geschäftsführung einsteigen wollte. Da wurde plötzlich die Verantwortung der leitenden Mitarbeiter schriftlich fixiert, mit dem Ergebnis, daß ich alle meine bisherigen Aufgaben verlor, bis auf die Verantwortung für die Buchhaltung. Ich habe gegen diese Ressortteilung Einspruch erhoben und verlangte die vertraglich vereinbarte Beschäftigung. Es fanden viele Besprechungen statt, es wurden viele Kompromißvorschläge gemacht – ohne Erfolg.

Ich hatte früher solche innerbetrieblichen Auseinandersetzungen oft mit meiner Kollegin Fräulein Meier nach Dienstschluß bei ihr, bei einem Kaffee, durchgesprochen. Das wollte ich auch in diesem Fall. Aber sie war plötzlich nicht mehr zu sprechen für mich. Sie unterstand jetzt dem Junior-Chef, der für Verkauf und Einkauf sowie für die Produktionsgestaltung und damit natürlich auch für das Modische zuständig war.

Mehrere Versuche, mit Fräulein Meier doch ins Gespräch zu

kommen, schlugen fehl. Einige Zeit später ließ der Junior-Chef in einem unverschämten Gespräch durchblicken, daß er es nicht gerne sehe, wenn ich ständig hinter Fräulein Meier herlaufe, ich solle mich gefälligst um meine Buchhaltung kümmern und den Zahlungen hinterherlaufen. Zwei Tage nach diesem Auftritt wurde mir fristlos gekündigt, mit der Begründung, ich hätte mich der leitenden Mitarbeiterin Fräulein Meier in Gegenwart des Junior-Chefs unsittlich genähert und ehrenrührige Reden geführt. Das sei nicht nur ein Loyalitätsbruch und weise auf bedenkliche charakterliche Mängel hin, sondern es gefährde auch den Betriebsfrieden. Ich mußte das Haus sofort verlassen, der Firmenwagen wurde eingezogen und die Gehaltszahlung eingestellt.

Ich wollte erst Klage beim Arbeitsgericht erheben, aber meine finanziellen Reserven würden bald aufgebraucht sein. Das heißt, ich würde einen längeren Prozeß wirtschaftlich gar nicht durchstehen können.

In der kleinen Stadt hier weiß inzwischen jeder Bescheid, aber nicht darüber, was wirklich vorgefallen ist. Sie tuscheln miteinander, ich hätte versucht, dem Junior-Chef die Geliebte auszuspannen und dafür den verdienten Tritt bekommen.

Jetzt habe ich mehrere Tage in meiner Wohnung gesessen, zum Fenster hinausgeschaut und die anderen zur Arbeit gehen sehen. Ich weiß nicht, was ich machen soll. Hier habe ich keine Chance mehr. Vielleicht fahre ich nach München. Da soll es auch gute Stellen geben für Textilfachleute . . .

Der Kurzläufer

Grauer Anzug eine Woche, Kombination – helles Jackett, dunkle Hose – die andere Woche, und dann der dunkelblaue Blazer-Anzug die dritte Woche; das war so seine Palette, die er immer wieder durchmachte. Morgens im Zug, 6 Uhr 47, im Nichtraucher-Abteil, saß er in Fahrtrichtung und las seine Bildzeitung, bis Frankfurt. Er las sie sehr gründlich, konzentriert. Die einzelnen Bahnstationen brachten ihn nie zum Aufblicken. Wenn gelegentlich der Kartenkontrolleur hereinkam, dann las er auch weiter, holte aber mit der rechten Hand seine Sichtkarte aus der Tasche, hielt sie einen Moment hin und steckte sie dann wieder weg, ohne hinzusehen. So ging das fast ein Jahr. Er war keine bemerkenswerte Ausnahme. Fast alle Reisenden im Nichtraucherabteil waren so.

An einem Montag im Januar dieses Jahres hatte er statt seiner Bildzeitung mehrere Hefte und Bücher auf seinen übereinandergeschlagenen Beinen liegen, einen Bleistift in der einen Hand und einen Block in der anderen, und schrieb. Dann blickte er zum Zugfenster hinaus, kratzte sich am Hinterkopf, zog die Stirn kraus, schrieb wieder. Er warf den Kopf zurück, bewegte die Lippen, als ob er spräche, und schrieb wieder, blätterte in drei Büchern gleichzeitig (dabei fiel ihm der Block runter) und schrieb wieder. Einfach widerliche Geschäftigkeit! Ich konnte gar nicht hinschauen und suchte mir einen anderen Platz, von wo aus ich ihn nicht sehen mußte.

Normalerweise fahre ich abends nicht in einem Abteil mit ihm. Aber ich weiß, daß er drin ist, im 17-Uhr-11-Zug. Er sitzt dann woanders, weil das günstiger beim Aussteigen ist. Die Dauerfahrer sitzen abends immer in dem Waggon zusammen, der gerade auf ihrem Heimatbahnhof an der Treppe des Bahnsteigs hält. Aber ich war so neugierig geworden, daß ich mich nach ihm umsah. Denn ich konnte ja immer noch (so nach Darmstadt) in meinen Stammwaggon umsteigen. Er saß direkt hinter der ersten

Klasse. Und es war das gleiche Bild wie am Morgen. Wie ein Stummfilm-Mime führte er sich auf. Ich setzte mich direkt zu ihm auf die gegenüberliegende Bank. So Zugbänke in der zweiten Klasse sind ja enorm dicht hintereinander gesetzt. So dicht, daß man sich bei normaler Beinlänge immer erst mit seinem Gegenüber kurz einigen muß, wer wem seine Beine wozwischen stellt. Und dann schaute ich mir in aller Ruhe den Papierkram an, in dem er da rumwühlte. Es war ein Kurs! »Einführung in die elektronische Datenverarbeitung«, in zehn Lektionen, mit Übungsheft, Aufgabensammlung und Beispielen. Er war so in seine Lektüre vertieft, daß er mich gar nicht bemerkte. In Darmstadt hatte ich mich sattgesehen und stieg in mein richtiges Abteil um. Am nächsten Morgen im 6-Uhr-47-Zug setzte sich die komische Geschichte mit ihm fort. Auch an den nächsten Tagen, in den nächsten Wochen. Nach einiger Zeit störte er mich nicht mehr direkt, aber ich hielt doch immer unwillkürlich Auschau nach ihm, morgens beim Einsteigen und dann so auf halber Strecke nochmal, so bei Darmstadt, dann schaute ich noch mal zu ihm herüber. Der fiel doch von einem zum anderen Tag völlig aus dem Rahmen der Mitfahrer des 6-Uhr-47-Zuges. Er las keine Bildzeitung mehr, schlief nicht mehr, sondern schuftete und schuftete.

Das beunruhigende, ja schon fast irritierende Tun dieses Mannes änderte sich, nachdem er drei Tage hintereinander nicht mitgefahren war. Mittwochs, donnerstags und freitags fuhr er nicht mit. Am Montag war er wieder da. Ohne Bücher! Mit einem völlig neuen Anzug! Er strahlte das ganze Abteil verpennter Bahnfahrer an. Da setzte ich mich wieder zu ihm, direkt gegenüber. So was muß man sich ja aus der Nähe ansehen. Er muß mein interessiert kritisches Betrachten wohl als Gesprächsaufforderung verstanden haben.

»Einen schönen guten Morgen!«

(Ach du große Sch . . . !) »Ja, ja, morgen, morgen. Keine Bücher mehr? Wollen Sie ein Stück von meiner Bild?«

»Nein, nein, danke. Heute ist Feiertag für mich. Die letzten Wochen waren hart. Aber jetzt hab' ich's geschafft. Am Mittwoch, Donnerstag und Freitag letzter Woche habe ich meine erste Prüfung als EDV-Organisator bestanden.«

»Aha, EDV-Organisator, ist das was Besonderes?‹

»Ja, das ist eine ganz neue Welt für mich. Meine Firma fördert mich da ganz toll.«

»Wie fördert? Finanziell?«

»Ja, ja, die zahlen die ganzen Kurse. Ziemlich teuer. Und das war jetzt auch nur der Anfang. Dann kommen noch eine Reihe Programmierer-Lehrgänge und dann der ›Systemanalytiker‹ und das Ziel ist der ›Leiter Datenverarbeitung‹.«

»Na toll, und was waren Sie bisher, wenn ich fragen darf?«

»Ich war Kontokorrentbuchhalter. Aber als ich dann eines Tages das Thema EDV mal anschnitt, das war die Sternstunde für mich. Die haben offensichtlich nur jemanden gesucht, der das macht.«

»Da kann man ja nur gratulieren. Und wie sieht es mit der finanziellen Seite aus?«

»Wenn ich den ›EDV-Organisator‹ geschafft habe, wird sich mein ursprüngliches Gehalt verdoppeln, und damit ist es aber noch nicht zu Ende, dann geht es ja erst richtig im Betrieb los ...«

Bis Frankfurt hatte er mich besoffen geredet. Nicht nur eine Einführung in die EDV hatte ich so nebenbei mitbekommen, sondern auch den deutlichen Eindruck, daß der Mann auf dem sicheren Weg zum Alleinvorstand war.

So Zugfahrten haben bei aller Monotonie auch ihre Überraschungen. Seit einiger Zeit steigt eine Station nach meiner eine nette, ältere Dame ein (genauer betrachtet ist sie noch gar nicht so alt). Nach mehreren Ansätzen sind wir ins Gespräch gekommen und haben jetzt häufig morgens und abends einen Plausch. Da das aber im Nichtraucherabteil nicht geht, weil alle pennen oder Bild lesen und Geschwätz sie dabei stört, haben wir uns in ein Zwischenabteil zurückgezogen, und ich habe den angehenden EDV-Typ aus den Augen verloren.

Nach Wochen, in Frankfurt, morgens, beim Aussteigen, lief er uns vor die Füße. Er grüßte, ich auch, aber meine Bekannte auch. Und sie kannte ihn. Er arbeite auch da, wo sie arbeite.

Und ich erfuhr alles: Er sei eben so ein Kontokorrentbuchhalter, der jetzt seit Wochen zur besonderen Verwendung der Geschäftsleitung abgestellt sei. Müsse wohl irgendwas mit der neuen, geplanten EDV zu tun haben. So im Frühsommer muß es gewesen sein, da kam er im 17-Uhr-11-Zug plötzlich in das Zwischenabteil.

»Ich hoffe, ich störe nicht?«

»Nein, überhaupt nicht. Sie strahlen ja so . . .«

»Ja, ich bin ganz aus dem Häuschen. Hier, schauen Sie mal, was ich von dem Dr. Maulmann für eine tolle Beurteilung bekommen habe. Hier: ›Er hat sich bei der Einführung der EDV im Rechnungswesen, insbesondere bei der Ist-Aufnahme, besondere Verdienste erworben.‹ – Und hier: ›Wir bescheinigen Herrn Fritze, daß er sich durch seine hohe Einsatzbereitschaft, seinen unermüdlichen Fleiß und sein großes Einfühlungsvermögen zu unserer vollsten Zufriedenheit . . .‹ Und jetzt kommt das Tollste: ›Darum schlagen wir Herrn Fritze für den neu zu schaffenden Posten eines Gruppenleiters EDV-Rechnungswesen vor.‹ – Na?!«

»Mann, Sie machen ja richtig Karriere.«

Als er wieder weg war, konnte ich einen kleinen Neid nicht unterdrücken.

»Das muß man sich mal vorstellen«, sagte ich zu meiner Bekannten, »da macht der so ein paar Kurse, und aufwärts geht's in die guten Jobs. – Was ist das eigentlich »Gruppenleiter«, in eurem Laden? – Ist der dann Chef von irgendwem?«

»Ja, Gruppenleiter ist gar nicht so übel. Auf jeden Fall wird er ein paar Hunderter mehr kriegen, eine Schreibkraft und vielleicht zwei, drei weitere Mitarbeiter. Der gehört dann fast schon in die untere Gruppe des mittleren Managements.‹

Es muß so nach Sommerpause gewesen sein, da sagte mir meine Bekannte, als sie gerade ins Zwischenabteil des 17-Uhr-11-Zuges kam: »Du wirst es nicht für möglich halten, der sitzt jetzt in der ersten Klasse!«

»Nein!«

»Doch, wie ein König! Und nickt allen kleinen Leuten, die er kennt, gönnerhaft zu!«

»Vielleicht hat er das große Los gezogen oder im Lotto gewonnen?«

»Weiß ich nicht. Ich erkundige mich mal morgen, was da los ist.«

Am nächsten Abend im 17-Uhr-11-Zug wußte sie es: »Also, der ist wirklich größer rausgekommen bei uns. Er muß jetzt für die gesamte Buchhaltung die Ist-Aufnahme machen. Ich kenne den Boß da, und der hat mir das alles erklärt. Jeder Arbeitsplatz muß untersucht werden, und jeder Handgriff wird aufgeschrieben, alles, was da an einem Platz so gerechnet, kontiert, geprüft wird und so. Und da setzt der sich zum Beispiel zu einem Kontokorrentbuchhalter hin und fragt ihn aus. Der muß antworten, ob er was weiß oder nicht, weil das doch auf Anordnung der Geschäftsleitung läuft. Und mein Bekannter, der Buchhaltungschef, der meint, er würde am liebsten zu Hause bleiben oder kündigen. Das Affentheater mit der Fragerei bringt ihm seinen ganzen Laden durcheinander. Man spricht auch davon, daß später, wenn alles auf EDV umgestellt ist, höchstens noch die Hälfte der Leute Arbeit haben werden, oder vielleicht macht der Computer dann alles selbst.«

»Da haben die, mit anderen Worten, die Hosen voll, daß sie entlassen werden?«

»Klar! Darum blasen sie dem Fritze jetzt hinten und vorne Zucker rein. Die glauben, der könnte entscheiden, wer bleibt und wer geht.«

»Wahrscheinlich wird er sie auch in dem Glauben lassen?«

»Jedenfalls widerspricht er dem nicht. Die Typen meinen auch, daß die Berichte von ihm, über ihren Platz und was sie da machen, irgendeinen Einfluß auf die nächste Gehaltserhöhung haben.«

»Da hat der aber ganz schön den Daumen drauf?«

»Du kannst dir das gar nicht vorstellen, wie die um den herumtanzen.«

»Gibt es denn da niemand, der ihm ein Bein stellt oder ihn stoppt?«

»Sicher paßt das alles einer Reihe von Leuten nicht. Aber erstens haben die nicht das Spezialwissen, um ihm Kontra zu geben, und dann ist es ihnen auch egal, solange sie nicht selbst betroffen sind. Die freuen sich sogar heimlich, daß es den langjährigen Buchhaltungschef jetzt so hart trifft.«

Der Erste-Klasse-Waggon im 17-Uhr-11-Zug ist immer hinter den Zweite-Klasse-Nichtraucher gekoppelt. Seit einiger Zeit steige ich in diesen Erste-Klasse-Waggon ein, gehe langsam durch, bis zu dem Abteil, in dem der EDV-Mann sitzt, und werfe einen Blick herein. Er bildet sich immer noch weiter. Jetzt hat er es mit irgendwelchen Management-Sachen, meist englische Titel. Aber die Anzüge, die er jetzt trägt, kann ich beurteilen. Erste Klasse! Maßanzüge und jeden Tag was anderes. Mal einen anderen Schlips, mal ein modisches neues Hemd oder ein neues Jackett, das ich an ihm noch nicht gesehen habe. Ein schwarzes Chef-Lederköfferchen besitzt er auch. Das liegt dann neben ihm, aufgeklappt, voll mit Akten und Papieren. Wenn er nicht liest, diktiert er in ein kleines Diktiergerät mit verklärtem Blick nach draußen.

»Ob der auch noch nachts im Bett diktiert?« fragte ich meine Bekannte im 17-Uhr-11-Zug.

»Ganz sicher. Aber dazu fällt mir eine Geschichte ein. Der Typ ist ja Mittelpunkt des ganzen Betriebsklatsches. – Also, die haben beim Frühstück erzählt, sie hätten mitbekommen, wie er an einem Tag mehrmals mit seiner Frau quatschte und ganz aufgeregt war. Dabei soll ihm seine Frau gesagt haben, ab morgen könne er mit seinen Lochkarten ins Bett gehen, sie würde ausziehen.«

Diese Geschichte mit den Lochkarten und dem Bett gefiel meiner Bekannten so gut, daß sie noch bis über Darmstadt hinaus Witze darüber machte.

Aber irgendwie mußte was Wahres dran gewesen sein, an

der Sache mit den Lochkarten. Denn am anderen Morgen im 6-Uhr-47-Zug sah ich ihn in seinem Erste-Klasse-Abteil mit mehreren Stapeln solcher Karten. Er war ganz vertieft und betrachtete eine nach der anderen. Mir fielen gleich wieder die Witze meiner Bekannten ein. Der prüft die Löcher, dachte ich und ging grinsend in mein Zweite-Klasse-Nichtraucher-Abteil.

Abends im 17-Uhr-11-Zug war meine Bekannte ganz aufgeregt.

»Du mußt dir den Typ unbedingt mal ansehen. Ich stand jetzt fünf Minuten neben ihm. Wie verbissen hängt er über seinen EDV-Ausdrücken und seinen Lochkarten. Stimmt nämlich alles nicht!« – Der Triumph in ihrer Stimme war nicht zu überhören. Sie sitzt in der Vertriebsabteilung und in den letzten Tagen hatte sie gehört, daß man daran denke, auch den Vertrieb auf EDV umzustellen.

»Der ganze Mist stimmt nicht! Was sagst du nun?! – Die Mühle druckt statt Rechnungen Gutschriften aus!! Ist das nicht toll? – Wir haben uns alle tot gelacht. Da stellt der Typ fast ein Jahr lang den ganzen Betrieb auf den Kopf und jagt den Leuten Angst ein mit seinem hirnverbrannten, gerade erst angelernten EDV-Geschwätz – und was ist jetzt rausgekommen? – Mist!«

Meine Bekannte war so aufgeregt, daß sie gar nicht zu bremsen war.

»Jetzt haben die die teure Maschine angeschafft, den Typ von einem Kurs in den anderen gejagt, ihn befördert, gehätschelt, keinen Widerspruch gegen ihn angehört. Er war der Allergrößte, praktisch schon Geschäftsführer. Ein Firmenwagen soll auch schon bestellt gewesen sein für ihn. Und nun?! – Du hättest das mal erleben sollen, heute abend, als wir alle rausgingen. Nicht einmal der Pförtner grüßte ihn mehr.«

Die nächsten Abende lief er am 17-Uhr-11-Zug entlang, ohne irgend jemanden zu sehen. Aber er redete, mit einem Phantom, das vor ihm herschweben mußte. Er argumentierte, diskutierte, man konnte ihm die Rede fast von den hastig bewegten Lippen ablesen. Und versehentlich stieg er dann auch in das Zweite-Klasse-Nichtraucher-Abteil ein. Es dauerte einen Moment, bis er sich orientiert hatte, dann ging er kopfschüttelnd zurück in die erste Klasse.

Nach diesem Abend war er ein paar Tage verschwunden.

»Der hat sich krankschreiben lassen«, sagte meine Bekannte. »Ist auch das Beste, was er machen kann. Der täte gut daran, wenn er sich überhaupt nicht mehr blicken ließe.«

Gestern abend habe ich ihn wiedergesehen und heute abend auch, am 17-Uhr-11-Zug. Er sprach nicht mehr mit sich selbst, nicht mehr mit einem imaginären Chef. Er sprach überhaupt nicht mehr. Er rannte auch nicht mehr mit flatternden EDV-Auszügen unterm Arm. Er schritt nicht mehr mit siegesgeschwellter Brust. Er setzte mechanisch Fuß vor Fuß, den Kopf eingezogen, die Schultern hängend, guckte er vor sich wie blind auf den Bahnsteig.

Ein Feigling

»Haben Sie gehört, daß der Bertmann sich um die Nachfolge von Tolle im Vorstand bemüht haben soll?«

»Was, der Bertmann, das ist doch der mit der Sitz-Karriere aus dem Rechnungswesen.«

»Ja, der. Dieses Genie im Nachgeben. Immer, wenn die einen Ja-Sager brauchten, mußte er ran. Der hat auch alles mitgemacht. Nach dem Rechnungswesen kam die Beförderung zum Vorstandsassistenten ...«

»Wer hat den eigentlich damals hochgehievt?«

»Na, der Meier doch. Als da so eine komische Geschichte mit Provisionsverrechnungen gut ging für ihn und Bertmann dafür geradestand.«

»Von da an ging's aufwärts?«

»Ja, von da an hat der die schmutzigen Sachen machen müssen, und das jahrelang. Wenn der einen klaren Auftrag von dem Meier hatte, zum Beispiel den und den zu feuern, dann war das innerhalb von zehn Minuten erledigt. Schriftlich natürlich. Von Angesicht zu Angesicht hätte der sich das doch nie getraut. Immer: »Aber natürlich, Herr Direktor, aber selbstverständlich, Herr Direktor und so, einfach zum Kotzen.«

»Und zu fassen war der Kerl auch nicht. Wenn man den direkt anging, gab er dir einfach recht, fertig.‹

»Und dann war er plötzlich stellvertretendes Vorstandsmitglied und grüßte keinen mehr.«

»Es sei denn, es begegnete ihm ein Vorstandskollege.«

»Ja, aber ich hatte immer ein ungutes Gefühl bei dem Typ. Bin ihm immer aus dem Weg gegangen. Du konntest nie genau wissen, ob er nicht gerade deine Kündigung diktiert hatte.«

»Und nun soll er wohl versucht haben, die Kündigung von Tolle durchzusetzen. Natürlich wieder als Vollstrecker von Meier. Der wird ihm als Belohnung den Vorstandssessel von

Tolle angeboten haben. Dann hätte er einen Ja-Sager auf höchster Ebene gehabt.«

»Wahrscheinlich ließ ihn dann aber der Meier sofort fallen, als er sah, daß die Geschichte mit Tolle nicht klappte.«

»Da, sieh mal, da steigt er in seinen dicken Vorstands-Mercedes. Zur Fahrt ins glückliche Wochenende.«

»Na, so glücklich sieht er nicht aus. Mal gespannt, wie der das verkraftet, die erste Niederlage, das erste Nein, nach soviel Aufstieg durch Ja-Sagen . . .«

Ich bin noch ganz durcheinander. Warum hat mich Direktor Meier in der entscheidenden Sitzung nicht unterstützt? – Alles war abgesprochen, und auf einmal wußte er von nichts mehr. Ich hab' zum ersten Mal in diesem Gremium eine schlechte Figur gemacht. Und die haben auch gleich gemerkt, daß etwas nicht geklappt hat. Die werden sich einen Spaß daraus machen, allen, die es hören wollen, zu erzählen: ›Der Bertmann ist heute auf die Schnauze gefallen!‹ Wenn ich Meier wenigstens noch erreicht hätte. Aber der ist ja wie vom Erdboden verschwunden. Der hätte sicher ein klärendes Wort gehabt. Aber so hänge ich ja völlig in der Luft. Selbst der Pförtner war komisch, als ich rausgegangen bin . . .«

Er kommt bei der Autobahn-Auffahrt in den üblichen Freitagabend-Stau. Eine der vielen Anhalterinnen, die nach dem Süden wollen, nähert sich seinem Wagen und klopft an die Scheibe. Er läßt das Fenster herunter.

»Können Sie mich nicht ein Stück mitnehmen?«

»Ja, warum nicht, steigen Sie ein . . .«

Vielleicht bringt die mich auf andere Gedanken. Sieht ganz nett aus. Bißchen verlumpt.

»Ganz schön dicke Karre. Was muß man da anlegen, wenn man fragen darf?«

»So 40 000 etwa.«

»Mann, 40 000 Piepen, dafür könnte man auch fünf ganz neue VW's kaufen, oder?«

»Ja, könnte man.«

»Und warum hast du dir keinen VW gekauft?‹

Warum duzt die mich. Könnte meine Tochter sein, wenn ich eine hätte. Weiß überhaupt nicht, wer ich bin. Soll ich ihr das Duzen verbieten? – Oder soll ich mal am nächsten Parkplatz versuchen, ob sie sich knutschen läßt? – Ich duze sie einfach auch.

»Ach, weißt du, in so einem VW ist zuwenig Platz und er fährt nicht so schnell.«

»Und man ist kein Boß, wenn man sowas fährt, oder?«

»Ja, ja, das sind so die üblichen Klischee-Vorstellungen!«

»Wieso Klischee-Vorstellungen? Bist du etwa kein Boß?«

»Doch, ich bin einer.«

Nach einer längeren Fahrt fragt sie ihn, ob er ihr einen Kaffee spendieren wolle in einer Raststätte. Er ist einverstanden. In der Raststätte fragt sie ihn unvermittelt: »Hast du nicht mal Lust, mich zu bumsen? Ich seh' dir das doch schon dauernd an. Komm, laß uns mal deine dicke Karre ausprobieren . . .«

Sie sind wieder auf der Autobahn. Es ist ganz dunkel geworden. Er fühlt sich unwohl. Die Sache mit dem Mädchen hätte er vor sechs Stunden noch für völlig unmöglich gehalten. Aber er war aus seiner Bahn geworfen. Die Niederlage des Vormittags, die erste in seiner Karriere, wirkte in ihm nach. Er fragt das Mädchen:

»Wie gefalle ich dir denn eigentlich? Ich meine, würdest du mich auf der Straße, oder sonstwo gut finden? So: Mensch, der Typ ist richtig?«

»Kann ich mir gar nicht vorstellen. Ich finde dich ganz nett so. Aber höchstens für so'ne Autofahrt. Und wenn du mich schon mitnimmst, warum soll ich dir dann nicht auch mal einen Gefallen tun?

Aber so allgemein bist du ein ganz schön kaputter Typ, so ein richtiger Erfolgsmensch. Dir guckt doch das Büro aus allen Löchern deines schicken Maßanzugs. Setz doch mal bei deiner Sekretärin an. Die steht doch sicher auf dich . . .«

»Würdest du dich freuen, wenn ich dir so 500 Mark monatlich per Scheck überweisen würde?«

»Ja, klar, aber was soll ich dafür machen? Mich von dir regelmäßig bumsen lassen, oder was? – Ist doch nicht drin. Für 500 Mark kriegst du doch echte Profi-Miezen. Das hältst du keine zwei Monate mit mir aus. Ich glaube, dir geht es auch nur darum, mich heute abend irgendwohin abzuschleppen ... Ich muß da bei der nächsten Ausfahrt aussteigen.«

Weg ist sie. Schade. Als ob ich in einer anderen Welt gewesen wäre.

Wie würde die denn wohl mein Problem lösen, was würde die zu dem gescheiterten Versuch sagen, den Vorstand Tolle zu kippen und selbst Vorstand zu werden? – Wahrscheinlich würde sie lachen, das Ganze wie eine Asterix- und Obelix-Story urkomisch finden.

Gut findet sie mich. Aber nur für so 'nen Trip. Na, ja, ist ja auch schon was. Im Büro fürchten sie mich nur. Auch keine schlechte Basis ... oder: war keine schlechte Basis.

Und meine Frau? Wenn ich jetzt nach Hause komme – wie soll ich der klarmachen, daß es nicht geklappt hat mit dem Vorstand? – Die hat sich doch im Geiste schon in dem neuen Vorstands-Bungalow eingerichtet und träumt von der Empfangs-Party, was sie da anzieht und wen sie da einlädt und so ... Es ist ein Jammer, daß die Kleine nicht bei mir geblieben ist. Süden und Sonne hat sie gesagt, und einfach so am Strand rumlaufen und abends Wein trinken.

Und es würde praktisch nichts kosten, hat sie gesagt.

»Wenn du deinen dicken Schlitten dort unten verkaufen würdest, könntest du glatt drei Jahre davon leben. Und dann kannst du ja weitersehen ...«

»Und, warum willst du nicht mit mir fahren, warum machen wir das nicht gemeinsam?« habe ich sie gefragt. Da hat sie mich ausgelacht.

»So ein schlapper Bürotyp wie du brennt doch nicht durch.

Spätestens nach einer Übernachtung im Heuschober weinst du doch deinem Bett mit Bad nach.«

Dabei stimmt das gar nicht. Was mich hindert, ist doch nur der blöde Maßanzug. Wenn ich Jeans und Pulli anhätte, wäre ich vielleicht schon unterwegs ...

Noch zehn Minuten hast du zum Überlegen, dann kommt die Abfahrt heimwärts.

Ich kann mich einfach nicht so schnell entschließen. Ich fahre nach Hause. So schlimm kann es nicht werden. Ich erzähle ihr, daß alles nur eine Terminverschiebung sei. So in drei Monaten würde neu verhandelt.

»Na, Herr Vorstand, hat wohl nicht so geklappt, das ganze Manöver letzte Woche?«

»Aber Herr Kollege, ich weiß gar nicht, wovon Sie reden. Was meinen Sie denn?«

»Sie werden es schon früh genug von Ihrer lieben Sekretärin erfahren. Viel Vergnügen. Fängt doch gut an, die Woche, oder?«

Seine Sekretärin erwartet ihn schon ganz aufgeregt: »Guten Morgen, Herr Bertmann. Hier liegt schon eine Bestätigung durch den Vorstand auf Ihrem Tisch. Sie sind ab Montag nächster Woche Filialleiter in Krofdorf. Ich kann mir das gar nicht erklären. Sie sagten doch noch – jedenfalls konnte man das aus Ihren Andeutungen entnehmen – daß Sie Vorstand ...«

»Bitte, lassen Sie mich einen Moment allein.«

Telefon: »Ja, hier Bertmann. Morgen Herr Direktor Meier. Ja, sicher, ich habe die Notiz hier vor mir. – Ob ich damit einverstanden bin? – Aber ja doch, aber ja. – Nein, nein, wie könnte ich das als Strafversetzung auffassen. – Niemals. Sie kennen doch meinen absoluten Einsatz für das Haus. Und ich weiß doch, wie wichtig gerade die neue Filiale in Krofdorf ist. Natürlich nehme ich an. – Ja, ich bin einverstanden ...«

»Wieso Krofdorf? – Du glaubst doch nicht im Ernst, daß ich dahin ziehe, in dieses Nest!?«

»Nun beruhige dich doch mal ...«

»Und wieso hast du denn deinen Mercedes nicht mehr, sondern so einen popeligen Opel?«

»Das ist doch nur ein Ersatzwagen, und mein Mercedes ist in der Inspektion. Und die Sache mit Krofdorf, das war ja nur mal so eine Frage. Jetzt reg dich bloß nicht auf . . .«

»Ich rege mich auf. Wenn die Nachbarn sehen, mit was für einer Kiste du dich nach Hause wagst, dann meinen die, du seist abgesägt. Was war denn da nun wirklich am vorletzten Freitag? Hast du mir nicht gesagt, die Sache sei nur vertagt worden?«

»Ja, ja, schon. Ich erklär' dir das heute abend.

Ich fahr' jetzt mal in die Werkstatt, nachsehen, ob mein Wagen inzwischen fertig ist.«

»Ach so, ich dachte schon, du wolltest die Straße kehren gehn, so wie du dich angezogen hast. Seit wann hast du denn eine Jeans-Hose? – Und dann auch noch so einen schrecklichen Pulli.«

»Ja, ja, schon gut . . .«

»Du bist doch sicher heute abend da, wenn die Gäste kommen. Ich leg dir deinen Anzug schon zurecht . . .«

Aus dem Polizeibericht: »Am Freitag, dem 26. Mai, gegen 16 Uhr verursachte Herr Bertmann mit einem Opel 1900, amtliches Kennzeichen XY–123 einen schweren Autounfall an der Autobahnauffahrt Süd, als er versuchte, plötzlich zu bremsen – offensichtlich um eine Anhalterin, Fräulein Monika Maurer, aufzunehmen.

Er wurde selbst so schwer verletzt, daß er auf dem Weg ins Krankenhaus verstarb.«

Der Anfänger

Ich hatte gerade meinen Diplom-Wirtschaftsingenieur geschafft und auch sonst eine »First-Class-Ausbildung« zu bieten: Abitur, abgeschlossene Lehre als Industrie-Kaufmann in der chemischen Industrie, technisches Praktikum in einer großen Maschinenfabrik, dann Universität Karlsruhe, zwei Semester Allgemeiner Maschinenbau und anschließend Fortsetzung des Studiums in der Fachrichtung Wirtschaftsingenieurwesen, und zwar technische Fächer: Maschinenbau, Arbeitswissenschaft, Transportwesen. Wirtschaftliche Fächer: Betriebswirtschaft, Volkswirtschaft, Rechtswissenschaft, Weltwirtschaftspolitik. Meine Diplomarbeit ging über die Absatzplanung langlebiger Investitionsgüter bei internationaler Konkurrenz.

So stolz sich diese Bildungsbilanz ausnimmt, mit leichter Hand war sie nicht erworben. Besonders für meinen alten Herrn hatten sich einige Finanzierungsprobleme ergeben. Er hatte nur Volksschulabschluß und es trotzdem über den Gesellen- und Meisterbrief bis zum Betriebsleiter einer kleinen Maschinenfabrik gebracht. Ich sollte es besser haben, Vollakademiker werden, Abitur machen, studieren und so weiter. Als es dann wirklich soweit war, gab es eine Fête bei uns, wie sie die ganze Siedlung noch nicht gesehen hatte. Er muß dafür gespart haben, oder er hat einen Kredit aufgenommen. Denn freies Geld war bei uns immer sehr knapp. Die größten Brocken gingen monatlich an die Bank zur Abzahlung des Häuschens.

Das Rechnen mit Pfennigen und mit Zinsen und Krediten habe ich mit der Muttermilch eingesaugt. Selbst bei so ungewöhnlichen Anlässen wie meiner Diplom-Fête wurde ganz selbstverständlich das Pfennigrechnen beachtet: Der Sekt war aus einem Sonderangebot des nahegelegenen Supermarktes.

Ich begann die Stellenangebote in den Tageszeitungen zu studieren. Mein enormes Bildungs- und Ausbildungskapital mußte ja nun »Zinsen« bringen. Insbesondere die vielfältigen Zugaben, die da in den Anzeigen angeboten wurden, hatten mein Interesse geweckt. Ein Großunternehmen der chemischen Industrie machte das Rennen. Einmal, weil die Chemische Industrie ja eine bombensichere Branche ist, dann, weil es sich um ein multinationales Unternehmen handelte, und dann, weil diese Firma mit Abstand die meisten Zugaben versprach. Verheiraten wollte ich mich mit denen ja sowieso nicht. Aber so für zwei bis drei Jahre war ich bereit, einzusteigen. Sie suchten Führungsnachwuchs für den Pharma-Vertrieb, Jungakademiker. Und sie boten an: erstklassiges Gehalt, schon in der Trainee-Phase, ein internationales Traineeprogramm, Spitzenleistungen im Sozialbereich, und dann hieß es noch in der Anzeige: »Ein Firmenwagen, auch zur privaten Nutzung, kann gestellt werden.« Ich habe mich natürlich gleich erkundigt, bei Bekannten: Firmenwagen, auch zur privaten Nutzung, das heiße soviel wie ein kostenloses Auto. Sprit, Steuer, Versicherungen, Inspektionen, Reparaturen – alles zahlt die Firma. Toll! Ich stellte mir gleich einen Mercedes (natürlich einen der kleineren Klasse) vor, und wie ich darin zu Hause vorfahren würde.

Ich schickte der Firma eine komplette Bewerbung mit allen meinen Unterlagen. Nach vier Wochen erhielt ich die erwartete Einladung zur Vorstellung. Ich hatte es von Anfang an gewußt, schließlich hatte ich etwas vorzuweisen. Bei dem ersten Besuch erfuhr ich, daß sich etwa zweihundert Leute gemeldet haben und daß ich mit sechs weiteren Bewerbern ausgewählt worden sei. Wir mußten uns einem Intelligenz-Test unterziehen, den ein Gremium von Psychologen und Beratern abnahm. Ich wußte zwar, daß mein Intelligenz-Quotient über hundert liegen mußte, aber ich war dann doch etwas überrascht, als er mit 150 so weit über dem Durchschnitt lag.

Nach diesem vorzüglichen Ergebnis und der positiven Beurteilung meines bisherigen Werdeganges konnte ich sozusagen aus einer Position der Stärke heraus verhandeln. Ich erklärte mich an der ausgeschriebenen Aufgabe interessiert, nachdem man mich über Einzelheiten der Position – einer echten Führungsaufgabe – nach absolvierter Trainee-Ausbildung unterrichtet hatte. Eine zweite Unterredung, in der alle Details des Vertrages ausgehandelt werden sollten, wurde für vierzehn Tage später festgesetzt.

Auf der Heimfahrt in meinem neuen VW hatte ich einen Scheck über zweihundertfünfzig Mark in der Tasche, für Fahrtkosten. Sie hatten nach meiner – zugegeben etwas großzügigen – Kilometerberechnung für insgesamt fünfhundert Kilometer pro Kilometer 0,50 DM anstandslos bezahlt. Genau genommen war es ja nicht mein eigener VW. Er gehörte meiner Freundin. Die hatte ihn von ihrem Vater geschenkt bekommen. Ziemlich reiche Familie mit Riesenbungalow. Darum hatte ich auch keine Bedenken, den Scheck selbst zu kassieren. Meine Rosi mochte mich eben, und ich konnte fest auf sie und ihren VW bauen. Die Zweihundertfünfzig würden sich bei der zweiten Unterredung in vierzehn Tagen wiederholen. Macht insgesamt 500 DM eigenes Geld, von dem keiner etwas wußte und von dem ich nichts abzugeben brauchte.

Bei der zweiten Unterredung in der Firma wurden dann alle wichtigen Einzelheiten des Vertrages besprochen und das vorgesehene Trainee-Programm vorgelegt. Das Anfangsgehalt sollte 2500 DM monatlich betragen; dazu sollten ein Urlaubsgeld und eine Weihnachtsgratifikation sowie vermögenswirksame Leistungen kommen. Während der Trainee-Ausbildung würde sich ein Auslandsaufenthalt mit sehr großzügiger Spesenregelung ergeben. Ich erklärte mich grundsätzlich damit einverstanden, wies aber auf die Notwendigkeit einer Klärung verschiedener Dinge hin. So blieb die Frage nach einer Regelung hinsichtlich des PKW-Kaufs offen.

Ich sollte während der zweijährigen Trainee-Zeit weitgehend im Außendienst und in der technischen Kundenberatung Kenntnisse erwerben. Der Personalchef und der Vertriebschef stellten fest, daß der Laderaum meines neuen VWs, daß dieser Laderaum nicht ausreichen würde. Außerdem würde kein Reisender ihres Hauses einen Kleinwagen benutzen. Es müsse also – so die beiden Herren – ein anderes Fahrzeug her. Bei der sich anschließenden längeren Diskussion um den Firmenwagen stellte sich heraus, daß es Schwierigkeiten geben könne, weil ich während der Trainee-Zeit zwar weitgehend im Außendienst eingesetzt werde, aber diese Außendienst-Tätigkeit werde von Innendienst-Tätigkeiten unterbrochen. Während dieser Zeiten müsse der Firmenwagen aus grundsätzlichen Erwägungen gelegentlich auch anderen Mitarbeitern zur Verfügung stehen. So etwa, wenn deren Firmenwagen ausfalle oder wenn ein Mitglied des Managements darauf angewiesen sei. Auch für Firmengäste werden die Wagen manchmal benötigt.

Außerdem gaben die Herren zu bedenken, daß ich im Falle einer Nutzung eines Firmenwagens »meinen« Neuwagen zu ungünstigen Bedingungen verkaufen müsse. Natürlich könne ich ihn auch stillegen. Das habe aber sicher eine erhebliche Wertminderung zur Folge. Beides könne doch nicht in meinem Sinne sein. Als der Vertriebsleiter durchblicken ließ, daß es viele Herren des Hauses vorziehen, einen eigenen Wagen mit zinslosen Firmendarlehen zu kaufen, brachte ich großzügig als Lösung den Kauf eines großen Privatwagens (Mercedes) auf meine Kosten ins Gespräch. Der Vertriebsleiter stimmte diesem Vorschlag sofort zu und wies auf die geradezu idealen Möglichkeiten dieses Wagens für die besonderen Belange des Unternehmens hin, auch auf den hohen Repräsentationswert. Der Personalchef erläuterte die Vorteile, die mir durch einen firmengenutzten, eigenen Wagen erwachsen: Kilometerpauschale, Versicherungszuschuß, kostenlose Pflege im Fuhrpark, wesentlich verbilligter Sprit und eben die einmalig günstige Finanzierung. Er erklärte sich auch bereit, bei der Beschaffung des Wagens behilflich zu sein. Wie diese Hilfe im Detail aussehen sollte, wurde nicht besprochen. Außerdem sollte ich mich erst im Laufe der kommenden Woche endgültig entscheiden, ob ich die neue Stelle antreten wolle. Mit einem zweiten Zweihundertfünfzig-Mark-Scheck und der sicheren Gewißheit, in Kürze Mercedesfahrer zu sein, fuhr ich in meinem, das heißt in dem Wagen meiner Rosi, heim.

Am Dienstag der folgenden Woche schrieb ich den vereinbarten Brief, indem ich mich mit den ausführlich erörterten Einzelheiten eines Anstellungsvertrages einverstanden erklärte und dem Sinn nach formulierte, daß ich auf der Basis dieser Vertragspunkte grundsätzlich an einer Einstellung interessiert sei. Da jedoch noch einige Punkte unklar geblieben seien, bitte ich darum, mir die

Möglichkeit zu geben, bei einem weiteren Gespräch diese Fragen vorzubringen und zu klären. Mit diesem klugen Schachzug wollte ich erreichen, daß das Auto mit allen Details vom verbilligten Sprit bis zu den Einzelheiten des Darlehens Vertragsbestandteil würde, und außerdem würde ich zum dritten Mal einen Zweihundertfünfzig-Mark-Scheck mitnehmen können. Ich wußte doch, daß die mich haben wollten. Mit meiner Ausbildung, einem IQ von 150 und als Ausgewählter aus zweihundert Mitbewerbern, war mir der Job doch sicher.

Zwölf Tage nach meinem Brief, am 12. 9., fand dann auch das dritte Gespräch mit dem Personaldirektor statt. Hinsichtlich des Autoproblems wurde als Lösung die Gewährung eines zinslosen Darlehens vereinbart und das monatliche Gehalt um fünfhundert Mark erhöht. Diese fünfhundert Mark sollten monatlich dann wieder abgezogen werden (wobei ich lediglich die Steuer zu zahlen hatte), um damit innerhalb von vier Jahren den Mercedes finanzieren und das Darlehen abtragen zu können. Damit mein Einkommen nicht blockiert werden konnte, sollten diese Zahlungen separat geführt und mit künftigen allgemeinen Gehaltserhöhungen nicht verrechnet werden. Nach dieser Vereinbarung und der genauen Fixierung von Versicherungszuschuß, kostenloser Pflege im Fuhrpark, Spritpreis und Kilometerpauschale versprach man, nach Einholung einer Genehmigung beim Betriebsrat, mir einen ausführlichen Arbeitsvertrag zukommen zu lassen. Ich war damit grundsätzlich einverstanden.

Da ich absolut sicher sein konnte, daß der Vertrag in Ordnung gehe, die schriftliche Fixierung jetzt nur noch Formsache sei, schaute ich mir am Ort der Firma in der folgenden Woche mit meiner Rosi ein nettes Vier-Zimmer-Appartement an. Es gefiel uns beiden so gut, daß ich einen Mietvertrag abschloß. Bei meiner Bank, bei der ich inzwischen über 750 DM Guthaben aus Fahrtkosten angesammelt hatte, nahm ich einen Kredit über 10 000 DM auf, um mein neues Appartement ordentlich einrichten zu können. Meine Mutter sollte aus dem Staunen nicht mehr herauskommen, wenn ich sie in meinem neuen Mercedes abholen würde, um ihr mein neues Appartement zu zeigen. Und bei dem Vater meiner Rosi wollte ich auch unbedingt mit dem neuen Mercedes vorfahren, um es ihm zu zeigen und deutlich zu machen, wer ich eigentlich bin und wie groß ich einsteige, wenn ich meine Karriere beginne.

Nach dem dritten Gespräch am 12. 9. vergingen Wochen, ohne daß ich von der Firma irgend etwas hörte. Nach sechs Wochen war ich beunruhigt. Ich rief den Personaldirektor an. Er versprach mir, die Dinge zu beschleunigen. Ich sei natürlich eingestellt. Der Vertrag bedürfe jedoch erst noch einer arbeitsrechtlichen Prüfung und Überarbeitung. Ich solle mich noch etwas gedulden. In etwas penetranter Form wollte er wissen, ob ich eventuell in Geldsorgen sei und einen Vorschuß haben wolle. Natürlich verneinte ich. Sollte ich mir etwa diese Blöße geben?! – Aber ich Grunde war ich echt in Geldverlegenheit. Ich mußte doch die monatlichen Mieten für das Vier-Zimmer-Appartement zahlen. Da meine Rosi mich wirklich mochte, aber jeden Tag die zweihundertfünfzig Kilometer nicht fahren wollte, zog sie zu mir. Und da ihr Vater nicht wollte, daß sie verhungerte, kam monatlich ein ordentlicher Scheck, der die Miete und die Nebenkosten deckte.

Nach weiteren vier Wochen hatte ich den Arbeitsvertrag immer noch nicht. Es kamen mir erneut starke Bedenken, weil ich nicht einmal eine schriftliche Bestätigung meiner mündlichen Absprachen erhalten hatte und man sich später darauf hinausreden könnte, daß diese ganze Sache mit dem Mercedes gar nicht verbindlich abgesprochen worden sei. Ich schrieb darum an den Personalchef und bestätigte noch einmal im Detail alle Absprachen. Außerdem wies ich darauf hin, daß es Zeit würde, den Neuwagen zu bestellen – bei einer Lieferzeit von sechs Monaten, und daß ich es begrüßen würde, wenn die Finanzierung der circa 20000 DM schriftlich fixiert würde. Im übrigen sei ich grundsätzlich weiterhin an einer Einstellung interessiert. Ich schrieb den Brief per Einschreiben, um beweisen zu können, daß ihn abgeschickt hatte und um meinen Ernst in der Sache zu unterstreichen. Falls man dem Brief nicht widersprechen würde, hätte er quasi Vertragscharakter. Die Antwort ließ vierzehn Tage auf sich warten, aber dann kam sie. In dem Brief des Personaldirektors hieß es, daß man den Gebrauchtwagenmarkt genau studiert habe und der Meinung sei, daß in Anbetracht seiner derzeitigen schlechten Verfassung sich nur sehr ungünstige Verkaufsmöglichkeiten für meinen fast neuen VW ergäben. Vor einem solchen Verlust wolle man mich bewahren. Man schlage vor, daß ich mein Fahrzeug einstweilen behalte und versuchen solle, es im Außendienst-Einsatz zu verwenden. Sollte sich herausstellen, daß das Fassungsvermögen meines Wagens nicht für eine ordnungsgemäße Reisetätigkeit ausreiche, sollten wir uns noch einmal darüber unterhalten, in welcher Form Abhilfe geschaffen werden könne.

Diesem Brief war ein Arbeitsvertrag beigefügt, der im wesentlichen meinen Brief und die besprochenen Details bestätigte. Lediglich über den Wagen enthielt er nichts, auch nicht über das Darlehen. Das um 500 DM erhöhte Einkommen war wieder auf den ursprünglichen Stand zurückgenommen worden. Für die Benutzung eines eigenen Wagens war eine Kilometerpauschale von 0,25 DM eingesetzt. Also nur die Hälfte von dem, was ich schon bei der Vorstellung erhalten hatte. Ein Fahrtenschreiber sollte eingebaut werden und die entsprechenden automatischen Aufzeichnungen die Grundlage für die Kilometerabrechnung bilden. »Für die Fahrten vom Arbeitsplatz nach Hause und umgekehrt wird kein Kilometergeld bezahlt.«

Über die Kündigung und die Vertragsdauer fand sich folgender Text: »Die Kündigung des Vertrages vor Vertragsbeginn ist ausgeschlossen. Es gilt eine Kündigungsfrist von drei Monaten zum Vierteljahresende. Mit dem Ende der Trainee-Zeit endet auch das Arbeitsverhältnis, ohne daß es einer Kündigung bedarf, es sei denn, die Firma erklärt vor Ablauf eines halben Jahres vor Ende der Trainee-Zeit, daß sie den Vertrag über das Ende der Trainee-Zeit hinaus fortsetzen will.

Und am Schluß hieß es: »Mündliche Nebenabsprachen bestehen nicht. Jede Änderung dieses Vertrages bedarf der Schriftform.«

Ich war wie erschlagen. Das konnte doch nicht die gleiche Firma, der gleiche Personaldirektor sein, mit denen ich persönlich verhandelt hatte und ganz andere Dinge persönlich und verbindlich vereinbart hatte. Ich versuchte den Personaldirektor zu sprechen, ging in die Firma, erhielt aber keinen Termin. Er sei nicht im

Hause. Ich versuchte es telefonisch, aber die Sekretärin ließ mich abfahren. Ich entschloß mich, per Einschreiben zu antworten.

»Sehr geehrter Herr Dr. Müller-Schmidt,
ich bin enttäuscht, ja geradezu entsetzt über den Arbeitsvertrag, den Sie mir mit Schreiben vom 18. 12. übermittelt haben. Er entspricht keineswegs den mündlich getroffenen Vereinbarungen, über die doch Einigkeit bestand. Der Inhalt dieses, mir jetzt vorliegenden Vertrages war nie Gegenstand unserer Gespräche. Insbesondere über die Frage der Probezeit und der Kündigungsmöglichkeiten wurde ausdrücklich und im einzelnen niemals so verhandelt. Ich bin persönlich sogar der Meinung, daß diese von Ihnen und Ihrem Hause hier gebrauchten Formulierungen schlicht arbeitsrechtlich nicht haltbar sind. Was meinen Wagen betrifft, so erklärten Sie übereinstimmend mit Herrn Dr. Schmidt-Schmidt, dem Vertriebsleiter, daß mein Fahrzeug nicht groß genug sei und daß die Außendienstleute Ihres Hauses sowieso keine Kleinwagen fahren würden. Jetzt wollen Sie auf einmal später darüber sprechen, in welcher Form eventuell Abhilfe zu schaffen ist, wenn sich herausstellt, daß mein Wagen zu klein ist. Bei einer so langen Kündigungsfrist, wie sie Ihr Vertragsvorschlag enthält, kann ich mich auf solche Risiken nicht einlassen, zumal Sie die mündlich verbindlich getroffenen Absprachen bezüglich eines zinslosen Firmendarlehens überhaupt nicht mehr erwähnen. Dieses Schweigen kann ich nur so verstehen, daß Sie und Ihr Haus weder zu den Absprachen über den Mercedes noch über das Darlehen zu stehen gewillt sind. Aus allen diesen Gründen möchte ich Ihnen sagen, daß ich es zwar sehr bedaure, aber nicht anders kann, als auf die angebotene Position zu verzichten. Ich muß Sie bitten, mir meine Unterlagen unverzüglich zurückzuschicken. Hochachtungsvoll (Kleinhenker).«

Ich wollte und konnte diesen Vertrag nicht unterschreiben. So lasse ich nicht mit mir umspringen! Wer bin ich denn! Schließlich habe ich etwas anzubieten und einen geprüften IQ von 150. Alle Chancen in der Industrie stehen mir offen. Die Sache mit der Vertragsdauer, und daß ich nach der Trainee-Zeit praktisch auf der Straße stehe, ist doch direkt kriminell. Und dann die Auto-Geschichte! Hier wird doch eindeutig gegen Treu und Glauben verstoßen! Offensichtlich hatte der Personaldirektor über seine Kompetenzen hinaus Verhandlungen geführt. Anders ist doch die lange arbeitsrechtliche Prüfung und Überarbeitung nicht zu erklären. Kurz: Wie dem auch sei, und wer da auch immer seine Kompetenzen überschritten hatte, ich fühlte mich nicht mehr gebunden und betrachtete die Angelegenheit als erledigt. Seit Anfang Januar stehe ich mit drei verschiedenen Firmen wieder in zukunftsträchtigen Verhandlungen über den Abschluß eines Arbeitsvertrages.

Heute, am 2. Februar, erhalte ich nun völlig überraschend ein Schreiben des Personaldirektors Dr. Müller-Schmidt, mit folgendem Wortlaut:

»Sehr geehrter Herr Kleinhenker,
wir möchten Sie in aller Form darauf hinweisen, daß der Inhalt Ihres Schreibens einem Arbeitsvertragsbruch gleichkommt. Zwischen Ihnen und uns bestand ein mündlich zustandegekommener Arbeitsvertrag, auf den Sie selbst in Ihren verschiedenen Briefen immer wieder abstellen. Die letzten Unklarheiten, insbesondere Ihr Mißverständnis bezüglich eines Firmenwagens, hatten wir mit unserem Brief vom 18. 12. aufgeklärt. Die in unserer schriftlichen Vertragsfixierung enthaltenen Kündigungsfristen sind arbeitsrechtlich unantastbar, denn sie entsprechen der Bedeutung der Trainee-Zeit. Dazu kommt, daß wir Sie in allen unseren Gesprächen immer wieder darauf aufmerksam gemacht haben, daß die vorgesehene intensive Ausbildung Sie nicht über die Ausbildungszeit hinaus an uns bindet. Daß wir unsererseits das gleiche Recht beanspruchen, wurde eindeutig herausgestellt. Wir haben Sie nie über einen einzigen Punkt unserer Vertragsvoraussetzungen im unklaren gelassen. Dafür gibt es eine Reihe von Zeugen. Nicht wir haben uns nicht an die Vereinbarungen gehalten, sondern Sie sind es, der vertragsbrüchig geworden ist. Daraus ist uns ein Schaden entstanden, für den wir Sie ersatzpflichtig machen. Aufgrund Ihrer Zusage und des mündlich zustandegekommenen Arbeitsvertrages haben wir den übrigen Bewerbern auf unsere Anzeige abgesagt. Nun müssen wir erneut inserieren – mit einem Kostenaufwand von circa 6000 DM. Nach Verwirklichung der Insertion geht Ihnen eine genaue Kostenaufstellung zu. Wir möchten noch einmal unsere Enttäuschung zum Ausdruck bringen über Ihre, uns unverständliche Handlungsweise und verbleiben ... i. A. Dr. Müller-Schmidt.«

Auf diese blöde Tour lasse ich mich natürlich nicht ein! Ich werde mir den besten Anwalt nehmen und dann einen Arbeitsprozeß vom Zaune brechen, daß die auf den Knien gekrochen kommen und um einen Vergleich bitten, dem ich nicht – nein, niemals – zustimmen werde! Das weiß ich heute schon! Und außerdem werde ich auf Laufbahnschädigung klagen!

Meine Rosi ist übrigens wieder zu ihren Eltern gezogen, nachdem der Mercedes von Woche zu Woche in weitere Ferne rückte und sie es plötzlich nicht mehr einsehen wollte, daß sie allein für das Vier-Zimmer-Appartement aufkommen sollte. Damit hat sie deutlich genug gezeigt, daß sie nicht zu mir gehört. Ein werdender Vorstand, ein Jung-Unternehmer meines Profils braucht eine Frau, die mit ihm die Höhen und Tiefen gemeinsam durchschreitet, ohne Vorbehalte. Und nicht so eine, die schon komisch wird, wenn man ihren Kleinwagen mal für ein paar Geschäftsreisen braucht.

Der Übernehmer

»Sie haben eine sehr konsequente Ausbildung hinter sich«, sagte Müller, der Personal-Assistent, zu mir, mehr fragend als bestätigend. So, als wollte er das noch einmal von mir genau hören, obwohl er es vor sich auf dem Tisch liegen hatte, schwarz auf weiß, meinen Lebenslauf. Neben Müller saß der Ruhe ausstrahlende, joviale Personaldirektor Hüller. Ganz der Gegensatz zu Müller, der vor lauter Ehrgeiz und Nervosität ständig auf seinem Stuhl herumrutschte.

»Sie haben eine sehr konsequente Ausbildung hinter sich« – Gott, ja, was heißt konsequent. Sicher sah das sehr konsequent aus, so tabellarisch hingeschrieben, so, als könnte es nicht anders sein.

»Ja, ja, sagte ich, ja . . .« sollte ich diesem Konzern-Heini erklären, daß mein Vater nur Schlosser gewesen ist und wir in einfachsten Verhältnissen aufwuchsen, daß er uns alle fünf doch immer noch satt bekommen hat, daß die Schule die einzige Chance für mich überhaupt war, aus unserer Hütte herauszukommen, aus dem großen gemeinsamen Bett, in dem wir fünf Geschwister schliefen, aus dem Kohle-Gestank des Zimmers, in dem sich meine Eltern ständig stritten?

»Ja, ja Herr Müller, ich hatte einen so guten Volksschulabschluß damals, so gut, daß ich auf die Gewerbefachschule gehen konnte. Und nach der Lehre als Feinmechaniker schaffte ich auch die Fachschulreife. Ich nahm es auf mich, ich überwand alle Schwierigkeiten einer schulfeindlichen Situation in meinem Elternhaus. Auf engstem Raum (wir hatten nur einen), ständig gestört, abgelenkt, verunsichert, ging ich meinen Weg. Meine Mutter war heimlich sehr stolz auf mich. Aber mein Vater mochte den ganzen Schulkram nicht.«

»Ihre Lehre bei Gebrüder Schramhans haben Sie mit Auszeichnung vorzeitig beendet. Sie hatten den Abschluß als Feinmechaniker sehr schnell geschafft. War da Ihr Herr Vater auch dagegen?« fragte der behäbige Personaldirektor Hüller.

»Nein, gegen die Lehre hatte er nichts. Handwerk war ja auch sein Fall. Er versuchte, mir das Biertrinken beizubringen. Handwerksburschen müßten auch mal richtig einen saufen können, meinte er, und zu seiner Zeit hätten sie jeden Tag eine Schlägerei gehabt. Es war sehr schwer für mich, gegen ihn zu bestehen. Auch während der Lehre schon war es nicht einfach. Die anderen Lehrlinge kamen zwar ebenfalls aus einfachen Verhältnissen, aber sie hatten keine Ambitionen. Sie verspotteten meinen Anspruch, etwas Besseres als sie alle werden zu wollen. Ich nahm dafür die Außenseiterrolle in Kauf.

In den Förderklassen für die Fachschulreife war es dann gerade umgekehrt. Da wurde ich verspottet wegen meiner damals noch etwas einfachen Umgangsformen und meiner dialektgefärbten Sprache. Besonders mit dem Dialekt hatte ich große Schwierigkeiten. Aber ich nahm es auf mich, jeden Abend drei Stunden laut und hochdeutsch zu lesen, und nach einigen Monaten war der Dialekt fast ganz verschwunden.«

»Nach der Fachschulreife waren Sie drei Jahre bei Olmann als Feinmechaniker und Technischer Zeichner«, fragte der Personal-Assistent Müller, »wie ist das denn möglich gewesen, waren Sie da Feinmechaniker oder Technischer Zeichner?«

»Ich habe als Feinmechaniker angefangen. Aber meine Begabung fiel rasch auf, und nach wenigen Monaten schon übernahm ich in der Konstruktion kleinere Aufträge für technische Zeichnungen. Das ging nicht ganz so von heute auf morgen. In mühsamer Kleinarbeit und unter schmerzlichen Entbehrungen habe ich mir mehrere Monate hindurch nachts die Grundlagen des technischen Zeichnens erworben. Ich war dem Zusammenbruch oft nahe, aber ich habe gelernt, mit vier Stunden Schlaf auszukommen. Nachdem ich einmal in der Konstruktion Fuß gefaßt hatte, übernahm ich Zug um Zug verantwortungsvollere Aufgaben als Technischer Zeichner. Entsprechend steigerte sich auch mein Einkommen. Aber da es mein Ziel war, auf die Ingenieurschule zu gehen, lebte ich unter einfachsten Bedingungen und sparte alles Geld. Ich nahm das alles auf mich und ertrug es.«

»Sie haben ein hervorragendes Ingenieurzeugnis hier vorgelegt«, sagte Müller, »Staats- und Wirtschaftslehre gut, Werkzeugmaschinen und Vorrichtungsbau sehr gut, Betriebslehre und Kostenrechnung gut, Kolbenkraft- und Arbeitsmaschinen sehr gut, Strömungskraft- und Arbeitsmaschinen sehr gut und so weiter. Alle Achtung!«

»Mein Glaube an mein Ziel hat mir geholfen«, sagte ich, »ich war und bin bereit, alles auf mich zu nehmen, um ein gestecktes Ziel zu erreichen. Auf der Ingenieurschule übernahm ich schon nach einem Semester die Führung in meiner Klasse. Ich war meinen Kommilitonen bald so weit voraus, daß ich noch zusätzlich Englisch- und Französisch-Kurse belegen konnte.«

Ich weiß heute nicht mehr, was mich damals trieb, so ausführlich zu reden. Beide Herren schauten mich so erwartungsvoll an, und ich war auch so befriedigt, daß ich sie offensichtlich mit meinen Ausführungen fesselte – da berichtete ich eben weiter, über meinen Werdegang, über mich selbst, wie ich mich entwickelt habe und Schritt für Schritt weiterkam. Ich merkte einfach nicht, daß das Gespräch später einen schlechten Verlauf nahm . . .

»Nach meinem hervorragenden Staatsexamen an der staatlichen Ingenieurschule – Sie sehen aus den Unterlagen, daß ich mit Auszeichnung bestanden habe – bot sich mir eine entwicklungsfähige Position bei der namhaften Großfirma Müllerhans als Führungsnachwuchs in der Konstruktion an. Ich übernahm gern diese Aufgabe und begann mit Elan zu arbeiten. Schon nach einer Einarbeitungszeit von nur einem Jahr übernahm ich den Aufbau einer Arbeitsgruppe für mechanische Versuche und Untersuchungen im Prüffeld. Als Gruppenchef übernahm ich persönlich die recht komplizierte Analyse der Lebensdauerversuche an unseren Geräten sowie die Darstellung und Vorausberechnung der kinematischen und elektromechanischen Vorgänge, die dabei auftraten.

Die Ergebnisse waren so interessant, daß eine bekannte Fachzeitschrift an mich herantrat – mit der Bitte, über meine Analysen zu berichten. Ich übernahm diesen Auftrag und wurde so in der Fachwelt bekannt.«

»Haben Sie nicht auch geheiratet um diese Zeit?« fragte Personaldirektor Hüller.

»Ja, ja, richtig. Nachdem sich alles so gut anließ mit meiner Laufbahn, schien es mir kein Risiko mehr zu sein, eine Familie zu gründen. Ich lernte meine Frau damals als Journalistin der bekannten Fachzeitschrift kennen. Sie war es, die im Auftrag der Redaktion an mich herantrat und nach Fachbeiträgen fragte. Zunächst wollte ich es gar nicht glauben, daß ein breiteres Interesse an meinen Arbeiten bestand. Es war das Verdienst dieser Journalistin, meiner späteren Frau, daß ich die Aufgabe damals übernehmen konnte.

Wir trafen uns häufig nach meiner Arbeitszeit, um meine Artikel durchzugehen und druckfertig zu machen. Na, ja, und so kamen wir uns eben näher.«

»Dann hat Ihre Frau für Sie ihren Beruf aufgegeben?« fragte Hüller.

»Zunächst nicht, sie arbeitete weiter als Journalistin . . .«

Sollte ich nun weitererzählen über meine Frau? – Irgendwo hatte ich gelesen, daß es auch auf die Ehefrau des Managers ankommt, daß man Wert legt auf eine repräsentative Gastgeberin. Manche Firmen beurteilten Führungskräfte, die sie einstellen wollen, nach deren Ehefrauen. Aber warum sollte ich dem schwerfälligen Hüller und dem nervösen Müller meine Ehegeschichten erzählen?

Ich hatte den Eindruck, die wollten nur etwas zum Amüsieren hören. Für meine Privatprobleme – ich stamme aus einer kinderreichen Familie und wollte gerne Vater von vielen Kindern werden – und das, was ich mit dieser Ehe auf mich genommen hatte, in der es mit dem Kinderkriegen nicht klappte, dafür konnten die ja überhaupt kein Verständnis haben. Ich ging darum ohne Umschweife wieder zu meiner erfolgreichen beruflichen Entwicklung über:

»Ein Jahr nach meiner Heirat übernahm ich die Leitung des Konstruktionsbüros, zu dem auch die von mir aufgebaute Gruppe für mechanische Versuche gehörte. Das war ein entscheidender Sprung nach oben – die Übernahme der Personalverantwortung. Stellen Sie sich vor, von der Leitung von fünf Mitarbeitern zum Chef einer ganzen Abteilung mit zeitweise über fünfzig Konstrukteuren und Technischen Zeichnern!

Unter meiner Leitung wurde eine Reihe von Projekten bis zur Fertigungsreife durchgearbeitet, wobei die jeweils modernsten Produktionsmethoden berücksichtigt wurden. Meine guten Sprachkenntnisse kamen mir hier zugute, insbesondere, wenn wir von unseren ausländischen Geschäftspartnern Fertigungsunterlagen erhielten, die auf deutsche Gegebenheiten umgestellt werden mußten.«

»Haben Sie vorwiegend nach Kundenangaben oder nach Lizenzen gebaut?« fragte Müller.

»Nein, natürlich nicht. Unter meiner Leitung wurden hauptsächlich Neukonstruktionen zur Serienreife gebracht.

Neben der Leitung dieser großen Abteilung übernahm ich auch den technischen Änderungsdienst an bereits in der Produktion befindlichen Erzeugnissen sowie den ingenieurmäßigen Service für die Gruppen- und Endmontage sowie für den technischen Außendienst.«

»Ein weites Feld«, sagte Hüller, »ein sehr umfangreicher Aufgabenkreis. Da hatten Sie wohl kaum Zeit fürs Privatleben und für Hobbys?«

»Nein«, sagte ich und fuhr fort in meiner Verantwortungsbeschreibung.

»Nach einem Jahr als Abteilungsleiter trat die staatliche Ingenieurschule – die gleiche Schule, auf der ich mit Auszeichnungen bestanden hatte – an mich heran, und ich übernahm zusätzlich zu allen anderen Aufgaben die Verantwortung als Lehrbeauftragter für den Fertigungsbereich.«

»Dann müssen Sie ja auch nachts gearbeitet haben«, meinte Hüller scherzhaft, aber anerkennend.

»Ja, ja, so ungefähr«, sagte ich. Ich war etwas verlegen, oder verwirrt, weil ich nicht wußte, worauf dieser fettleibige Typ mit seinen unsachlichen Einwürfen hinaus wollte. Ich dachte, ich ignoriere diese Bemerkungen einfach und fahre fort, meinen Aufstieg weiter zu beschreiben.

»Nach drei Jahren verantwortlicher Führung der großen Abteilung wurde ich von meiner Firma nach Wien versetzt. Dort übernahm ich die Verantwortung für den Start der Fertigung in verschiedenen neu gegründeten südeuropäischen Staaten. Diese Aufgabe verlangte neben meiner hohen technischen Qualifikation insbesondere Verhandlungsgeschick in schwierigen Situationen mit Partnern verschiedener Nationalitäten.

In einem Zeitraum von über einem Jahr habe ich in dieser Position den Start der Fertigung von mehreren großen Projekten koordiniert und überwacht. Ich war direkt dem Vorstand in der Zentrale verantwortlich.

Als ich in die Bundesrepublik zurückkehrte, übernahm ich in der Produktionsleitung eine neue Aufgabe als Leiter der Produktionsplanung. In dieser Position war ich fast vier Jahre verantwortlich für die Planung der Produktionsprogramme, des Personals, der Produktionskapazitäten und der Fertigungseinrichtungen. Darüber hinaus war ich verantwortlich für das Aufstellen des mittel- und langfristigen Gesamtplanes für den Fertigungsbereich als Basis für den Finanzplan. Diese Aufgabe nahm ich in engster Zusammenarbeit mit dem Finanzchef des Unternehmens wahr. Der gesamte mir unterstellte Planungsstab umfaßte zwanzig Herren in den verschiedensten Fachrichtungen. Darunter auch einige Diplom-Ingenieure und promovierte Akademiker. Ich war in dieser Position direkt dem Vorstand Fertigung verantwortlich.«

Jetzt sagte er nichts mehr, Personaldirektor Hüller, meine Schilderung hatte ihn wohl sprachlos gemacht. Er nickte nur zustimmend. Erleichtert und auch etwas siegessicher fuhr ich fort zu erzählen:

»Nach den circa vier Jahren in der Planung erhielt ich Gelegenheit, mich in der Zweigniederlassung meiner Firma in New York innerhalb von vierzehn Monaten auf eine neue Aufgabe vorzubereiten. In einer Spezialgruppe wurde ich in alle Einzelheiten der Fertigungssteuerung durch EDV eingearbeitet und konnte an bestehenden Programmen trainieren. Nach meiner Rückkehr in die Bundesrepublik übernahm ich die Leitung der Organisation und Datenverarbeitung für die gesamte Fertigung.«

Plötzlich kam Hüller wieder mit einer dummen, unsachlichen Frage:

»Aus Ihrem Lebenslauf hier geht hervor, daß Sie zwölf Jahre kinderlos verheiratet waren. Und die Geburt Ihres Sohnes fällt recht genau – immer nach der mir hier schriftlich vorliegenden Bewerbung – mit Ihrer Rückkehr aus New York zusammen. Da erwartete Sie doch am Flughafen eine freudige Überraschung. Sie konnten Ihren ersten Sohn übernehmen. Sieht er Ihnen eigentlich ähnlich?«

Ich versuchte, mich zu fassen und eisern meine Aufstiegsschilderung zu Ende zu bringen:

»In dieser Position übernahm ich . . .« Es ging einfach nicht mehr. Der grinsende Hüller machte mir jedes weitere Wort unmöglich.

»Ja und, weiter, was wollten Sie sagen«, fragte nervös Assistent Müller, »was haben Sie dann übernommen?«

»Nichts. Danke. Schicken Sie mir meine Unterlagen zurück . . .«

Überflüssig

Er war der Big-Boß aus dem Top-Management. Eindrucksvolle, mittelgroße, athletische Gestalt. Beeindruckend auch, wenn man wußte, daß er ein Jahreseinkommen von über 300 000 DM versteuerte. Auch der Rahmen war entsprechend: eine Acht-Zimmer-Villa mit Park und Schwimmbad, oben über dem See. Hier holte ihn morgens sein Chauffeur ab in der großen amerikanischen Limousine. Morgens um sieben Uhr. Sie fuhren dann zu dem Tennisplatz vor der Stadt. Hier traf er, wie verabredet, seinen Match-Partner, einen Amerikaner, Boß der Konkurrenzfirma. Man bekämpfte sich nicht bis aufs Messer, das taten nur die unteren Chargen. Man sprach sich ab beim Match und koordinierte die beiderseitigen Marktziele.

So begann der Arbeitstag von Fritz Schneider, einem bundesdeutschen Big-Boß auf der internationalen Szene von Genf. Sein Weg nach Genf und in die Spitze dieses Chemie-Konzerns war glanzvoll, steil und bewundernswert:

Am 2. März 1923 wurde er als Sohn der Eheleute Karl und Maria Schneider in Köln geboren. Nach Besuch der Grundschule und Abschluß der Schulzeit mit dem Abitur am staatlichen Realgymnasium in Köln war er Soldat bis Kriegsende. Dann arbeitete er bis 1949 in verschiedenen kaufmännischen und technischen Abteilungen der Firma Schneider, dem Unternehmen seines Vaters, das den Krieg heil überstanden hatte.

1949 begann er sein Studium der Wirtschaftswissenschaften an der Universität Köln. 1953 legte er der Universität Frankfurt das Examen für Diplom-Kaufleute ab. Noch im gleichen Jahr erhielt er auf Grund mehrerer Prüfungen ein einjähriges Fulbright-Stipendium zum Besuch der Universität Stanford in Kalifornien.

1954 setzte er sein Studium – nach Ablauf des Stipendiums – in Amerika fort, auf eigene Kosten. Es wurde ihm 1957 die

Würde des Masters of Business Administration (MBA) verliehen. Das Studium in Amerika wurde durch Arbeit in einem Kaufhaus und später in einer Versicherungsgesellschaft selbst finanziert.

1958 trat er, zurück in Europa, als Führungsnachwuchs Verkauf, in die Dienste der Firma Müllermüller in Genf ein. Hier hatte er zunächst die Verantwortung für die Produkteinführung in einigen Teilmärkten in Europa, danach für große Teile Afrikas und einige Länder des Mittleren Ostens. Der Hauptteil seiner Zeit war mit Reisen in diese Länder ausgefüllt. 1960 wurde er nach Paris versetzt und führte hier als Marketing-Manager die bekannten Produkte der Firma Müllermüller auf dem französischen Markt ein.

1961 trat er in die Dienste der Firma Meiermeir Consultants als Management-Consultant. Er wollte seine Kenntnisse und Erfahrungen auch in anderen Industriezweigen und mit anderen Produktgruppen erweitern und vertiefen. Er arbeitete an Projekten im gesamten westeuropäischen Wirtschaftsraum.

1963 nahm er die Position des Marketing-Direktors für Europa der europäischen Tochtergesellschaft der Chemical Company mit Sitz in Brüssel an. Nach sechsmonatiger Aufbautätigkeit der europäischen Organisation wurde er zum alleinigen Geschäftsführer ernannt. Die 1963 gegründete Gesellschaft vergrößerte sich in den drei Jahren seiner Tätigkeit auf 80 Angestellte und 200 Mitarbeiter im Außendienst. Das Stammkapital betrug 1 000 000 Belgische Franken (bfr). Der Umsatz erhöhte sich von sechs Milionen auf 70 Millionen bfr.

1966 bot ihm ein führendes deutsches Großunternehmen die Leitung des gesamten Auslandsgeschäftes an. Er übernahm als Geschäftsführer einer Schweizer Holding die Verantwortung für Auf- und Ausbau eines weltweiten Netzes von Tochtergesellschaften, Lizenznehmern und Auslandsvertretungen auf allen wesentlichen Märkten. Der Umsatz des Großunternehmens betrug 300 Millionen DM, der Anteil des Herrn Schneider gewinnverantwortlich unterstehenden Auslandsgeschäftes etwa 100 Millionen DM.

Ein toller Lebenslauf, das fand ich gleich von Anfang an. Er hatte nur einen kleinen Makel, eine verzeihliche kleine Fälschung: Es fehlte der persönliche Bereich, das »Zu meiner Person«. Schneider war einmal verheiratet gewesen, von 1959 bis 1970, und er hat einen Sohn im Alter von zwölf Jahren, der bei seiner Mutter lebt. Kind und Mutter sind natürlich gut versorgt. Der monatliche Scheck wird automatisch abgebucht. Ich habe dieses Detail auch aus dem Lebenslauf, mit dem ich Schneider in meiner offiziellen Kartei habe, weggelassen. Nur hier sei es der Vollständigkeit halber erwähnt.

Schneider ist zweiundfünfzig Jahre alt und vermögend. Allein die Erbschaft, die er von seinem Vater erwartet, wird auf fünf bis zehn Millionen DM geschätzt. Hobbys oder private Neigungen hat er keine – es sei denn das morgendliche Tennis-Match.

Seit einigen Monaten sucht er eine neue Aufgabe. Eine bei dem tollen Lebenslauf zunächst ganz unvorstellbare Lage. Er sucht natürlich streng vertraulich. Seine jetzige Firma darf nichts davon erfahren – jedenfalls in der Anfangsphase seiner Suche nicht. Dieses führende deutsche Unternehmen, für dessen Auslandsholding in Genf er alleiniger Geschäftsführer ist, wurde von einem US-Multi-Unternehmen gekauft. Und Schneider glaubte, gleich als er diese Nachricht erhielt, daß die von ihm geführte Auslandstochter in den US-Großkonzern eingegliedert werde, in einer Weise, die ihn, Schneider, dann überflüssig mache.

Er suchte ohne Eile, aber ernsthaft, und zwar eine echt unternehmerische Aufgabe. Erst hatte er mit seinem Tennis-Partner gesprochen. Aber da hatte er den Eindruck, als wisse der schon Details, die ihm selbst noch unbekannt waren. Der Tennis-Partner, ebenfalls ein Boß einer Schweizer Holding – allerdings eines amerikanischen Konzerns – hatte über seine Muttergesellschaft in New York direkte Verbindungen zu dem Multi, der Schneiders Gesellschaft aufgekauft hatte. Das erste Gespräch über die veränderten Umstände, dienstags nach dem üblichen Match, und die indirekte Frage von Schneider, ob Arthur vielleicht in seiner Gesellschaft für ihn eine Chance sehe, hatte zur Folge, daß Arthur zum Mittwoch-Match gar nicht kam. Er entschuldigte sich nicht einmal. In seinem Büro ließ er sich verleugnen. Na schön, dann eben nicht, sagte sich Schneider, ich werde einen neuen Tennis-Partner finden. Aber er ärgerte sich doch über soviel Kaltschnäuzigkeit. Er war an die harten Umgangsformen im Big-Business gewöhnt. Er hatte selbst in vielen Fällen Leute wie Marionetten in seinem Spiel benutzt und sie ohne Vorwarnung fallen lassen, wenn er sie nicht mehr brauchte. Aber unter Bossen sollte man sich doch verständigen können, dachte er. Und schließlich war er ja noch Boß. Sicher konnte man bei objektiver Prüfung zu der Meinung kommen, er sei auf der Abschußliste und nur noch für drei, vier Monate Boß, bis die Amerikaner in seine Büros einziehen oder den ganzen Ramsch verkaufen. Aber dann würde er eben bei einer anderen Gesellschaft Boß sein. Warum hatte ihn Arthur dann einfach fallen lassen, ihn plötzlich ignoriert? – Hatte er sich falsch ausgedrückt, etwas zuviel oder etwas zuwenig gesagt, hatte er Aspekte seiner Lage aufgezeigt, deren Konsequenzen ihm selbst nicht, wohl aber seinem Tennis-Partner klar waren? – Alle diese Zweifelsfragen versuchte er vergeblich beiseite zu schieben. Er begann unsicher zu werden. Sein gewandtes, sicheres Auftreten, seine Überzeugungs- und Ausstrahlungskraft waren angeschlagen.

Er war seiner selbst nicht mehr sicher, als er sich bei dem Bankvorstand Bullinger einen Termin geben ließ. Mit Bullinger und seiner Bank hatte er von Anfang an zusammengearbeitet und gute Geschäfte gemacht. Ein persönliches, harmonisches Verhältnis verband ihn mit dem Bankmann. Er bekam auch prompt seinen Termin. Aber das Gespräch verlief unbefriedigend, von dem Moment an, als er Bullinger sagte, warum er gekommen sei. Natürlich wußte Bullinger von dem Verkauf der Gesellschaft an den amerikanischen Multi. Aber offensichtlich hatte Bullinger angenommen, daß Schneider Boß der Auslandsholding bleiben werde. Unter dieser Voraussetzung hatte er ihn auch empfangen, herzlich wie immer. Aber beim Verabschieden hatte er es dann sehr eilig.

Das ganze Gespräch war nach den einleitenden Floskeln wie eine Art Anklage gelaufen. Warum er denn in die Verkaufsgespräche nicht mit eingeschaltet worden sei? – Ob man sich vielleicht von Anfang an in seiner Zentrale klar darüber gewesen sei, daß die Amerikaner ihn nicht übernehmen werden? – Wann er denn erfahren habe, daß der Verkauf perfekt sei? – Ob er etwa ein gestörtes Verhältnis zu seinem Vorstand habe? – Und so weiter, und so weiter. Wegen solcher Fragen war er nicht gekommen. Er wollte von Bullinger keine Vorhaltungen hören. Er wollte von ihm wissen, ob er ihm in einer der vielen Aktiengesellschaften, die seine Bank kontrollierte, einen Vorstandsposten anbieten könne. Möglichst hier in Genf, wegen der Villa, und weil es ihm hier auch besonders gut gefalle. Er wußte ziemlich genau, daß Bullinger mindestens in zwei Gesellschaften, bei denen seine Bank die Mehrheit hatte, Vorstände suchte. Aber Bullinger bot ihm keinen Vorstandsposten an. Er machte sich nicht einmal die Mühe, eine Ausrede zu erfinden. Er sagte einfach: »Nein, Schneider, für diese Posten kommen Sie nicht mehr in Frage.« Und dann machte er recht unverhohlen deutlich, daß er jetzt zu tun habe, und alles Gute und viel Glück . . .

Er hätte wenigstens noch sagen können, daß er sich einmal umsehen werde. Aber selbst diese Floskeln hielt er für überflüssig.

Als Schneider sich anschließend in seine Villa chauffieren ließ, beschäftigte ihn eine Formulierung, die Bullinger gebraucht hatte: Für diesen Posten kommen Sie nicht mehr in Frage. Wieso hatte er gesagt: »nicht mehr«? Er war doch mit seinen zweiundfünfzig Jahren auf dem Gipfel seiner Laufbahn. Glaubte der Bankmensch etwa, er, Schneider, könne nicht noch einmal hart einsteigen, sich einen neuen Top-Job erarbeiten? Sicher war seine jetzige Position eine Art Traum-Job. Er rechnete sich selbst zum internationalen Jet-Set des Big-Business und repräsentierte mehr, als daß er arbeitete. Aber er hatte hart gearbeitet, bis er es soweit gebracht hatte. Und nun glaubte er sich, legitimiert durch langjährige Erfolge, im Recht, die Früchte dieser langen Mühen auch genießen zu dürfen. Die Formel für die großen Box-Champions, die auf dem Gipfel ihrer Laufbahn geschlagen werden, ging ihm durch den Kopf: »They never come back«. Er hatte den Spruch auch schon mal auf Vorstände angewandt gehört, Vorstände, die irgendwo herausgeflogen waren. Aber er war ja noch nicht rausgeflogen, würde auch nicht rausfliegen. Er war einfach überflüssig, aus der Sicht des US-Multis.

Und dann kam wirklich der Liquidationsbefehl von der neuen Konzern-Zentrale in New York. Man beauftragte ihn, wie gnädig, mit der Auflösung der Schweizer Holding. Die an dieser Gesellschaft hängenden Töchter hatte man den jeweils eigenen, an verschiedenen Orten ansässigen Gesellschaften zugeschlagen. Nur der Rest war aufzulösen. Sie hatten recht knapp kalkuliert, die neuen Herren. Sie ließen Schneider gerade noch drei Monate, die Zeit, in der auch sein Vertrag noch lief. An eine Verlängerung sei nicht gedacht. Damit war er endgültig »out«.

Für mich begann er als lukrativer Fall. Ich bin ein kleiner »Headhunter« hier in Genf und lebe davon, ausgebooteten Vorständen und überflüssigen Bossen, Uralt-Geschäftsführern und abschußreifen Gesellschaftern Hoffnung zu verkaufen.

Ich habe sie alle in meinem kleinen Notizbuch und berechne ihnen, je nach Vermögen, fünfhundert bis fünftausend Schweizer Franken Honorar pro Monat für meine Bemühungen, ihnen einen neuen, unternehmerischen, internationalen, bedeutenden, kreativen Job zu vermitteln. Dabei ist mein ganzer Trick, daß einige meiner Fälle noch in Amt und Würden sind. Ihnen stelle ich dann gelegentlich die Fälle vor, die schon »out« sind. So ist es spielend zu schaffen, nach vorgetäuschten, komplizierten Vorverhandlungen wirklich ein Gespräch mit einem amtierenden Vorstand der einen oder anderen Aktiengesellschaft zustande zu bringen. Aus solchen Gesprächen schöpfen sie immer wieder Hoffnung und zahlen.

Im Fall von Schneider muß ich nur zwei Dinge beachten: Er will in Genf bleiben, und er muß ständig eine wie immer geartete Bestätigung haben, daß er nicht überflüssig ist. Er ist natürlich in meinen Augen ganz sicher nicht überflüssig, jedenfalls solange nicht, solange er noch zahlen kann ...

Die Vertrauensstellung

Sie hatten in jahrelanger, harter Arbeit gemeinsam die Firma aufgebaut, Heinrich und Else Langer, das Unternehmer-Ehepaar, Inhaber der Maschinenfabrik Langer KG. Sie waren beide Eigentümer zu je fünfzig Prozent und gezwungen, alle wesentlichen Entscheidungen gemeinsam zu treffen. Aus diesem Zwang hatte sich eine Praxis entwickelt: Er, Heinrich Langer, begabter Konstrukteur, widmete sich ganz der Forschung und Entwicklung. Sie, Else Langer, machte den Rest, also den Verkauf, die Organisation, das Personal, Finanz- und Rechnungswesen, Fertigung, Materialwirtschaft, Lager und so weiter. Er brachte die Ideen, sie machte die Geschäfte damit. Das funktionierte, das Unternehmen war stabil, wuchs stetig und hatte dann, als beide Langer in die Jahre kamen, eine dominierende Marktposition mit 800 Mitarbeitern und 70 Millionen Umsatz. Selbst bei dieser Größe gab es kein richtiges Management (außer dem von Heinrich und besonders von Else Langer). Nach diesen beiden außerordentlich tüchtigen Unternehmern kam in der Hierarchie erst einmal lange nichts, dann kamen einige Prokuristen und Handlungsbevollmächtigte.

Else Langer hatte durch ihre sehr solide Finanzpolitik das Unternehmen auf eine so gesunde Basis gestellt, daß sie ohne größere Bankkredite auch alle Investitionsvorhaben aus eigenen Mitteln bestreiten konnte. Trotzdem hatte die Firma Langer KG natürlich ihre Hausbank. Und der Bankvorstand Habe war es dann auch, der nach dem 65. Geburtstag von Else Langer in einem vertraulich gehaltenen Gespräch erste, vorsichtige Fragen nach der langfristigen Zukunftsplanung für die Firma Langer KG stellte. Die Ausgangslage war denkbar ungünstig: Erben gab es keine und ein selbständiges Management auch nicht. Die beiden Inhaber gingen davon aus, daß sie hundert Jahre alt würden, also noch gut dreißig Jahre lang aktiv die Geschicke des Unternehmens lenken und bestimmen könnten.

Habe war ein bedächtiger Mann und ein guter Menschenkenner. Er kannte die beiden Langer schon einige Jahre und wußte, daß der nun fast 70 Jahre alte Heinrich Langer kaum noch verwertbare Ideen produzierte, dafür aber fast ausschließlich seinem Hobby, dem Angeln, nachging. Dagegen war die 65jährige Else Langer die Seele und der Motor des ganzen Unternehmens. Sie hatte viele männliche Züge, eine überragende Begabung zur Menschenführung, ein verblüffendes Gespür für den Markt und ein phänomenales Zahlengedächtnis. Sie liebte einen etwas rauhen Ton im Umgang mit anderen, einen Ton, mit dem sie bei den vielen Konstrukteuren, Ingenieuren und Technischen Zeichnern gut ankam. Sie fluchte wie ein Kutscher, und nach jedem gelungenen größeren Kaufabschluß mußte Whisky serviert werden.

Else Langer war eine Realistin, durch lange unternehmerische Praxis abgehärtet. Darum sprach der bedächtige Bankmann Habe zuerst mit ihr. Es wurde ein sehr langes Gespräch, und als der Unternehmerin Langer die vorsichtig vorgetragene, langfristige Lagebeurteilung des Bankers Habe in allen Konsequenzen klarzuwerden begann, mußte sie erst einmal einen Whisky haben. Else Langer liebte es nicht, Entscheidungen aufzuschieben. Darum wurde beschlossen, mit Hilfe des Bankmanns Habe nach einem möglichst jüngeren Gesamtgeschäftsführer zu suchen, einem Könner seines Faches, unternehmerisch und in vergleichbarer Position bewährt, einem Mann, dem man sukzessiv die Verantwortung übertragen wollte, in dem Maß, in dem er sich einarbeitete und bewährte; kurz: eine Führungspersönlichkeit, die es den beiden Langer ermöglichen sollte, sich nach und nach vom aktiven Tagesgeschäft zurückzuziehen.

Else Langer übernahm es, ihren Mann Heinrich von der Notwendigkeit dieses Beschlusses zu überzeugen. Habe setzte dann alle seine Verbindungen in Bewegung, und nach acht Wochen konnte er der Unternehmerin sechs Lebensläufe von nach seiner Meinung bestens geeigneten Kandidaten präsentieren. Nach einer ersten kurzen Durchsicht kam für Frau Langer nur ein Kandidat in Frage. Man lud ihn, den 36jährigen Diplom-Wirtschaftsingenieur Klaus Schuler zu einem Vorstellungsgespräch ein. Dieses Gespräch, an dem neben Herrn Habe und dem Kandidaten Schuler nur Frau Langer teilnahm, verlief für alle drei sehr positiv. Habe hatte den Eindruck, daß sein Kandidat gut ankam; der Kandidat war beeindruckt von der Unternehmerin Langer und den Perspektiven, die sie ihm aufzeigte. Frau Langer war sehr angeregt von der Wendigkeit, Selbständigkeit und Sicherheit, mit der Herr Schuler das Gespräch führte. Auch menschlich, persönlich, in seiner Art war er ihr angenehm. Die vakante Position sei eine echte Vertrauensstellung, sagte sie, bei der es wesentlich auf eine enge, loyale und absolut zuverlässige Zusammenarbeit mit ihr ankomme. »Drumherumgerede« könne sie nicht leiden. Geradeheraus solle jeder sagen, was er meine und was er wolle, das sei auch ihre Art. Intrigen, Stänkereien und Quertreibereien gebe es nicht und das letzte Wort habe sie, und das solle auch so bleiben, jedenfalls vorerst einmal. Ob er damit einverstanden sei, oder ob ihm das nicht passe? – Er finde das alles ganz ausgezeichnet, erwiderte er. Eine klare Hierarchiestruktur mit eindeutiger Entscheidungsgewalt werde die Arbeit nur erleichtern. »Ausgezeichnet«, sagte sie, dann sind wir uns ja in den wesentlichen Punkten einig. Handschlag! »Sie fangen bei uns an, am 1. 7., Vertragsentwurf geht Ihnen schnellstmöglich zu.« Sie klingelte nach Whisky, der auch prompt kam. Man stieß an und verabschiedete sich in dem sicheren Gefühl, den Grundstein für eine gute Zusammenarbeit gelegt zu haben.

Else Langer verständigte am Abend ihren Mann davon, daß sie einen kaufmännischen Geschäftsführer engagiert habe, der unter ihrer Aufsicht Zug um Zug in die unternehmerische Verantwortung hineinwachsen solle. Heinrich Langer war damit einverstanden. Welche Gründe hätte er auch dagegen anführen können? Der kaufmännische Bereich war die Domäne seiner Frau, davon verstand er nichts. In seinem Bereich würde ihn der Neue nicht stören. Wahrscheinlich wird er mit ihm überhaupt nichts zu tun haben. »Gut, gut«, sagte er, »du wirst das schon richtig machen. Übrigens, morgen fahre ich für eine Woche zum Angeln an den Rallersee, du weißt schon, in das Bootshaus, Telefonnummer und Anschrift hast du ja.«

Am nächsten Morgen diktierte Else Langer eine Aktennotiz zum Gespräch mit Schuler:

»Gesprächsnotiz: Verhandelt mit Herrn Klaus Schuler über eine Anstellung bei der Firma Langer KG. Anwesend Herr Bankdirektor Habe.

Herr Schuler hat grundsätzlich zugesagt. Ich habe vorgeschlagen, daß der Vertragsentwurf am Dienstag, dem 14. 2., in seinem Briefkasten liegt.

Ich bin nach wie vor der Meinung, daß Herr Schuler zum 30. 6. kündigt, damit er am 1. 7. hier anfangen kann. Er wird versuchen, wenn möglich schon früher anzufangen.«

Dann telefonierte sie eine Stunde mit ihrem Anwalt wegen des Vertrages. Aber Anwälte sind eben sehr vorsichtige Leute, und darum sagte auch der Langersche Anwalt, so einen wichtigen Vertrag könne er nicht aus dem Ärmel schütteln. Bei einer so wichtigen Vertrauensstellung müsse er erst einmal einen Entwurf machen, und den wiederum müsse man natürlich erst durchsprechen, und er brauche auch erst einmal alle Unterlagen dieses Herrn Schuler. Gut, sagte sie, reichlich verärgert, die würde sie ihm zuschicken.

Das ging ihr alles zu langsam. Diese verdammte Juristerei, reiner Formelkram. Sie hatte sich mit Schuler per Handschlag geeinigt und fertig! Sie wollte den Mann haben, und zwar schnell und ohne Wenn und Aber. »Fräulein Barbara, bitte zum Diktat«, rief sie entschlossen in die Sprechanlage, und es wurde ein langer Brief an Klaus Schuler:

»Lieber Herr Schuler,
ich habe Schwierigkeiten zeitlicher Art mit der exakten juristischen Vertragsformulierung, weil unser Anwalt so rasch, wie ich das möchte, nicht damit fertig wird und ich nicht drängen möchte. Darüber hinaus braucht er noch alle Ihre Unterlagen zur Formulierung.

Ich schlage deswegen vor, daß wir uns vorab über den Inhalt des Vertrages einigen. Die genauen Formulierungen können wir dann dem Anwalt überlassen.

Sie beginnen bei uns am 1. 7., möglichst früher.

Ihr Aufgabengebiet ist die kaufmännische Leitung. Ihnen untersteht die Finanz- und Betriebsbuchhaltung. Sie werden sukzessive alle Finanzangelegenheiten, die Verhandlungen mit Banken, die Steuern und den Kontakt zu den Finanzbehörden übernehmen. Außerdem werden Sie zuständig sein für Organisation, Elektronische Datenverarbeitung und das Personalwesen. Alles im Einvernehmen mit mir.

Besonderen Wert lege ich auf eine gute, ergänzende und auch gegenseitig vertretende Zusammenarbeit.

Würden Sie sich damit einverstanden erklären, daß Ihre Bestellung zum Gesamt-Geschäftsführer zu einem noch festzulegenden Zeitpunkt im nächsten Jahr erfolgen wird? Sie werden wie ich also die Möglichkeit haben, in der Praxis zu sehen, daß der Entschluß zusammenzuarbeiten für beide Teile richtig war?

Bis zu Ihrer Bestellung zum Gesamt-Geschäftsführer sollen Sie kaufmännischer Geschäftsführer sein. Sie werden zusammen mit mir gesamtvertretungsberechtigt sein. Ihre Bezüge betragen 80 000 DM pro Jahr brutto. Sie werden in gleichen Monatsraten gezahlt.

Sie erhalten außerdem eine feste Jahresgratifikation von 10 000 DM.

Eine zusätzliche Tantieme, gewinn- und dividendenabhängig, steht im freien Ermessen des Mehrheitsbeschlusses der Gesellschafterversammlung.

Bezüglich der angesprochenen Altersversorgung werde ich Ihnen nach einer zehnjährigen Wartezeit ein monatliches Altersruhegeld von 50% der festen, monatlich zu zahlenden Bezüge gewähren und diesen Prozentsatz für jedes darüber hinausgehende Jahr der Betriebszugehörigkeit um ein Prozent erhöhen.

Sie haben einen Ferienanspruch von fünf Wochen, der mit den Notwendigkeiten im Hause jeweils abzustimmen ist. Ich werde Ihnen einen firmeneigenen Wagen zur Verfügung stellen, der Ihnen auch zur privaten Nutzung zusteht.

Sie werden Ihre gesamte Arbeitskraft meiner Firma widmen und jede Nebentätigkeit, auch ehrenamtlicher Art, nur mit meiner Zustimmung übernehmen.

Sie werden über alle geschäftlichen oder privaten Dinge, von denen Sie im Laufe Ihrer Tätigkeit Kenntnis nehmen, nach einer eventuellen Beendigung des Arbeitsverhältnisses absolutes Stillschweigen bewahren.

Selbstverständlich bin ich Ihnen bei der Suche nach einem geeigneten Haus behilflich und übernehme die Umzugskosten.

So, lieber Herr Schuler, jetzt habe ich mich selbständig gemacht, ohne den Anwalt abzuwarten. Es liegt an Ihnen, mir Ihre weiteren Wünsche zu nennen und Änderungen oder Ergänzungen vorzuschlagen.

Ihre Unterlagen gehen heute an den Anwalt, der, wie schon erwähnt, die Detail-Formulierung übernehmen wird. Ich werde versuchen, Sie morgen telefonisch zu erreichen.

Ihre Else Langer.«

Sie rief ihn dann am nächsten Tag an und war irgendwie ganz glücklich, als sie seine Stimme hörte und er sagte, daß er ihren Brief sehr gut finde und ihn auch im wesentlichen bejahe. Er habe noch einige kleine Details, über die er ihr schreiben wolle. Er schrieb ihr noch am gleichen Tag einen Brief mit den kleinen, noch offenen Fragen.

Er schrieb: »Sehr verehrte, liebe Frau Langer.« Daß er »liebe« schrieb, gefiel ihr besonders gut und bestärkte sie in der Annahme, daß dieser Klaus Schuler ein aktiver, unternehmerischer Mann sei, der nicht lange um die Sache herumredete. Am Schluß seines Briefes hieß es: »Damit habe ich Ihnen, liebe Frau Langer, meine ergänzenden Vorstellungen zu Ihrem Brief vorgetragen. Ich versichere Ihnen, daß ich meine ganze Arbeitskraft Ihnen und Ihrer Firma widmen werde, um das in mich gesetzte hohe Vertrauen zu rechtfertigen.« Auch dieser Schluß gefiel ihr sehr gut und versetzte sie in eine Art Hochstimmung. Die vielen zusätzlichen Details, die Herr Schuler in seinem Brief genannt hatte, gaben ihr den Vorwand, ihn noch einmal einzuladen. Sie rief ihn an und machte ihm rasch klar, daß sich solche verzwickten Detailfragen am besten in einem persönlichen Gespräch – wie das auch der vorgesehenen Vertrauensstellung entspreche – ausräumen ließen. Er möge bitte am Samstag abend gegen 18 Uhr zu ihr in die Privatvilla kommen. Oder ob er zu diesem Termin schon etwas anderes vorhabe? –

Das Samstagabend-Gespräch verlief ungewöhnlich harmonisch. Über die strittigen Vertragspunkte hatte man sich rasch geeinigt. Eine breite Aussprache über das bevorstehende enge Vertrauensverhältnis schloß sich an, bei Whisky, versteht sich, und ohne überflüssige Vorreden.

Am Sonntagabend rief sie ihn noch einmal an. Sie war so gespannt, was er zu neuen, konkreten Vorschlägen sagen würde, daß sie ganz vergaß, daß ihr Mann Heinrich wieder zurück war vom Angeln und daß er von seinem Arbeitszimmer aus ihre Telefonate mithören konnte.

Es war das letzte harmonische Gespräch, das sie mit Klaus Schuler führte. Den Rest der Nacht hatte sie eine außerordentlich ernste und streckenweise stürmische Auseinandersetzung mit Heinrich Langer, ihrem Mann.

Eine Woche später ließ sie Herrn Schuler kommentarlos seine Unterlagen zurückschicken.

Er konnte das gar nicht verstehen, war wie vor den Kopf geschlagen. Er hatte ja auch schon bei seiner alten Firma gekündigt, um möglichst rasch bei Else Langer anfangen zu können. Er versuchte sie anzurufen. Aber man sagte ihm, sie sei verreist. Da schrieb er ihr noch einmal einen Brief. Er schilderte noch einmal die ganze so harmonische Entwicklung und das Entstehen eines echten gegenseitigen Verstehens, die Basis einer wirklichen Vertrauensstellung. Man sei sich doch auch über alle Fragen einig gewesen und ganz besonders wundere ihn ihr Schweigen nach dem doch schon sehr weitgehenden Telefonat vom Sonntag. Und dann einfach alle Unterlagen kommentarlos zurück.

Dann wurde er ein wenig juristisch und verwies darauf, daß doch mit ihm ein verbindlicher Vertrag bestehe und sie mit ihrer Handlungsweise Vertragsbruch begehe.

Am Schluß schrieb er, daß er um eine menschlich enttäuschende Erfahrung reicher geworden sei, eine Erfahrung, auf die er gerne verzichtet hätte. Er bestehe jedoch, unabhängig davon, aus welchen Gründen auch immer sie sich nun entschieden habe, auf einer klärenden Stellungnahme von ihr persönlich.

Als sie diesen Brief erhielt, gab sie die ganze Affäre mit einer Notiz ihrem Rechtsanwalt: »Es ist nicht nötig, daß Sie den in Auftrag gegebenen Vertrag für Herrn Schuler fertigstellen. Wir, mein Mann und ich, sind zu der Überzeugung gekommen, daß er nicht der richtige Mann für uns ist. Außerdem hat er in einer unzumutbaren Weise gedrängt«, schrieb sie an den Anwalt. »Er versuchte, uns Vertragsformulierungen aufzudrängen, die unmöglich waren. Die besondere Vertrauensstellung, die wir zu vergeben haben, verlangt eben etwas mehr Einfühlungsvermögen, Flexibilität und auch Behutsamkeit. Ganz sicher haben wir uns um ein Vertrauensverhältnis bemüht, aber Herr Schuler sprach nicht unsere Sprache. Ich halte es für möglich, daß er versuchen wird, eine Abfindung herauszuschlagen, Schmerzensgeld! Auch das zeigt, daß er charakterlich unzumutbar ist – in einer so entscheidenden Vertrauensstellung. Bitte teilen Sie ihm doch mit, daß er uns völlig mißverstanden hat und wir absolut keinen Wert auf eine Fortsetzung der Verhandlungen legen.«

Der Dozent

»Damen und Herren, liebe Zuhörer, Werbe- und Marketingchefs von morgen, hier sehen Sie nun eine Reihe meiner erfolgreichsten Werbeprojekte, Prospekte, Zeitschriften, Verpackungen. Einige davon sind berühmt geworden, andere haben ganz entscheidend dazu beigetragen, neue Produkte im Markt zu etablieren.« – So begann der Fachdozent für Marketing an der kleinen Privatakademie in Zell am Krachsee, Dr. Tobias, seine erste Vorlesung im neuen Kursus, Herbstsemester 1971.

Die »Damen und Herren«, insgesamt siebzehn Leute, meist jüngere Angestellte aus mittleren Positionen, die sich hier ein zusätzliches Bildungspapier erwerben wollten und dafür eine beachtliche Kursgebühr bezahlt hatten: sie alle nahmen die erste Vorlesung noch sehr ernst und erwarteten von dem 65jährigen Dr. Tobias da vorn am Projektor Erkenntnisse, Erleuchtungen, tiefes Wissen eines Könners, etwas, das sein Geld wert war.

Und dann begann das gleiche Drama wie beim letzten Kurs: Es erschienen Motive auf der Leinwand, Motive, die so eindeutig waren, die man so überhaupt nicht mißverstehen konnte, daß die Zuschauer zunächst verblüfft schwiegen. Dann sagte ein Vorlauter: »Mann, hat die Titten!« Ein unterdrücktes Lachen folgte. Der Dozent sprach seinen Text: »Alle diese – übrigens mit ersten Modellen und Fotografen hergestellten Motive – alle diese Motive, sage ich, haben eines gemeinsam. Wenn . . .« – Jetzt der Vorlaute wieder: »Ja, sie haben alle dicke Titten!« und alle lachten.

»Bitte, unterlassen Sie doch diese unsachlichen Bemerkungen«, sagte der Dozent nervös. »Wenn Sie sich die Motive genau ansehen«, aber da unterbrach ihn schon wieder ein Zwischenrufer: »Aha, die ist ja rasiert!« – »Bitte, bitte, meine Damen und Herren, so kommen wir doch nicht weiter«, flehte jetzt der Dozent. »Wir sind doch alle erwachsene Menschen.«

Aber es war keine Ruhe mehr unter die Zuhörer zu bringen. Die Herren sagten, was die Damen dachten: »Mit solchen Sauereien können wir doch keine Spülmaschinen verkaufen.« Große Heiterkeit wich großer Verärgerung, und die Damen und Herren zogen gemeinsam zum Institutsleiter, um sich zu beschweren. Der Dozent lief hinter ihnen her und bat um Gehör. »Fassen Sie mich nicht an, Sie Schmutzfink, Sie!« sagte eine jüngere Dame, noch bevor sie im Zimmer des Institutsleiters verschwand und dem Dozenten die Tür vor der Nase zuschlug.

So endete der letzte Versuch des Dr. Tobias, seine epochale, hundertfach bewährte Werbe- und Marketingstrategie zu verkaufen. Er verließ die Akademie in Zell mit einem guten Zeugnis: »... hat die ihm übertragenen Aufgaben stets mit Eifer, Idealismus und Erfolg ausgeführt. Er ist voll belastbar und verliert auch bei erhöhtem Arbeitsanfall nicht die nötige Übersicht. Sein hilfsbereites und freundliches Wesen war die Basis einer loyalen Zusammenarbeit im Dozentenkollegium. Er war beliebt und angesehen. Seinen steten Einsatz und sein pädagogisches Geschick haben wir sehr geschätzt. Er war jederzeit zuverlässig und korrekt, sein Verhalten war ohne Tadel.«

Es war nicht die erste Akademie, die er verlassen mußte. Davor war er Dozent beim Marktwirtschaftlichen Institut Boll GmbH gewesen. Dort war es zunächst gut gegangen, weil er über die Organisation der Werbung zu sprechen hatte. Da kam nach dem ersten Semester schon eine Gehaltserhöhung: »Lieber Herr Dr. Tobias«, schrieb der Institutsleiter, »nachdem Sie das erste Seminar am Marktwirtschaftlichen Institut erfolgreich abgeschlossen haben und damit bewiesen haben, daß Sie einen Lehrbetrieb zu führen verstehen, haben wir Ihr Grundgehalt auf 2500,- DM erhöht. Damit verbinde ich meinen Dank für Ihre bisher geleistete Arbeit und hoffe zugleich, daß Sie auch die erweiterten Aufgaben des nun anlaufenden 2. Semesters mit gleichem Erfolg meistern werden.«

Mit diesen »erweiterten Aufgaben« war eindeutig das Zusatzfach Marketing gemeint. Dr. Tobias hatte dem Institutsleiter Professor Chwatschnich seine Werbekampagne von damals für das erotische Parfüm »Le Moment« gezeigt. Harmlos gegen die harten Sachen, die er sonst noch in der Tasche hatte. Für »Le Moment« hatte er damals eine Werbezeitschrift herausgebracht mit einschlägigen Artikeln: »Die besondere französische Intimpflege«, »Was Sie träumt, wenn Sie sich mit Ihm verabredet«, »Marie schlägt sämtliche Truppengattungen«, und so weiter. Dazwischen dann die Anzeigen und Hinweise auf das Parfüm »Le Moment«. Hauptslogan: »Le Moment‹, der Augenblick, in dem die patriotische Französin »Vive la France« stöhnt. Illustration und Grafik konnten gerade noch als nicht direkt pornografisch klassifiziert werden. Damals war Dr. Tobias Geschäftsführer von Pharmeros GmbH gewesen und konnte aus dieser Zeit tolle Umsatzerfolge für »Le Moment«, insbesondere nach der Werbekampagne, nachweisen. Das beeindruckte Professor Chwatschnich, und er dachte sich, daß eine solche Vorlesung mit diesem besonderen Beispiel den sonst sehr trockenen Vorlesungsplan etwas auflockern könne. Er verstand es als Experiment.

Es ging schief, das Experiment. Denn Dr. Tobias war schon nach einer Vorlesung so ermutigt vom Erfolg seiner Theorie am zweideutigen Beispiel von »Le Moment«, daß er in der nächsten Vorlesung eindeutig wurde. Er wurde sofort suspendiert. Der Institutsleiter Professor Chwatschnich war außer sich. Nur nach langem Zureden und dem Einverständnis von Dr. Tobias, nicht mehr im Institut zu erscheinen, war er bereit, ein Zeugnis zu schreiben, in dem die eindeutige Geschichte nicht erwähnt wurde. Es war nur die Rede von den Vorlesungen über Organisation der Werbung: »... wir bestätigen Herrn Dr. Tobias, daß er aufgrund seiner betriebswirtschaftlichen Fachkenntnisse und seiner raschen Auffassungsgabe sehr schnell in der Lage war, sein Aufgabengebiet zu unserer Zufriedenheit wahrzunehmen. Herr Dr. Tobias scheidet im gegenseitigen Einvernehmen mit uns aus unserer Akademie aus. Der Institutsleiter.«

Das war das vorletzte Scheitern vor der Arbeitslosigkeit. Vor dem Ausflug ins Schulungsgeschäft war Dr. Tobias zwölf Jahre lang freier Werbe- und Marketingberater gewesen. Zwölf Jahre, in denen er das ganze, in der großen Pharma-Industrie erprobte Wissen um die Wirksamkeit seiner speziellen Idee anwenden konnte. Er war sich seines Kundenkreises auch völlig sicher. Er tat für die großen Pharma-Konzerne das, was sie selbst, unter eigenem Namen, seit Mitte der sechziger Jahre nicht mehr selbst tun wollten: Er hielt für sie den Markt der Potenzstimulantien und der Erotika. Ein enormes Geschäft. Der Konzern entwickelte ein unschädliches Präparat aus Alphalin, Betalin, Zetagin und dem aus »asiatischen Geheimrezepten« bekannten Muria-Purana (Hauptbestandteil: Südwein) und lieferte es in Flaschen zu einem Liter an die gerade von Dr. Tobias neu gegründete Gesellschaft Dr. Tobias GmbH. Die übernahm die Verpackung, Markteinführung und die gesamte Werbung. Natürlich auch den Vertrieb. Der Name des Konzerns tauchte nirgends auf. Das Geschäft pro Mittel lief in der Regel ein Jahr – die Zeit, in der Wirkungen verblüffender Art zugesagt wurden. Danach liquidierte man und machte bald darauf eine neue Gesellschaft auf. Vom Umsatz erhielt Dr. Tobias jeweils zehn Prozent. Das waren goldene Jahre! Er hatte immer vier bis fünf der ersten Damen am Platz als Beraterinnen auf Honorarbasis. Sie steuerten aus ihrer nächtlichen Praxis die Motive für die Werbebotschaft bei.

Am gesamten, umfangreichen Direktvertrieb waren dagegen alle Damen der einschlägigen Viertel vieler großer Städte beteiligt. Sie übernahmen je nach Kapital einen oder mehrere Kartons des »unter Könnern und Lebenskünstlern« bekannten Mittels. Für den Endverbraucher kostete die Flasche 28 DM. Wer von den fleißigen Händlerinnen zehn Kisten (à zwölf Flaschen) abnahm, hatte einen Stückpreis von 12, konnte also kleinere Mengen an weniger kapitalstarke Damen zu sagen wir 20 abgeben, und diese nahmen dann von ihren Gästen 28 oder mehr.

So zog Dr. Tobias eine erstklassige, bundesweit funktionierende Verkaufsorganisation auf. Er war ständig unterwegs von Verkaufsbezirk zu Verkaufsbezirk und schulte seinen Außendienst. Es ging dabei immer wieder um den gleichen Trick: Vor dem Verkauf des Mittels waren die Damen (die ja für ihren Grundservice schon Vorkasse hatten) ausgesprochen lustlos und ungeschickt. Dann sagten sie dem in seinem Selbstgefühl unsicher gewordenen Gast, ob er vielleicht mal das in Kennerkreisen beliebte Mittel Stabilofix versuchen wolle. Wenn der Freier die erste Flasche hinter sich hatte, zeigten die Damen, was sie wirklich konnten – eben die Wirkung des Mittels. Manche Kavaliere kauften dann gleich einen ganzen Kasten. Diesen Trick variierte Dr. Tobias und fand mit Hilfe seiner fixen Verkäuferinnen immer neue Anwendungsmethoden.

Und dann war das große Geschäft von einem auf den anderen Tag kaputt. Zwölf Jahre hatte es gedauert, bis sich in den einschlägigen Klientenkreisen die Masche herumgesprochen hatte. Wenn nun eine der Damen ihrem Gast ein neues, tolles Präparat von der bekannten Dr. Tobias GmbH anbot, dann verlangte der Gast entweder entrüstet sein Geld zurück, oder er rief die Polizei. Und da die Damen einen Umsatzrückgang in ihrem Grundservice-Programm nicht hinnehmen wollten, konnte ihnen Dr. Tobias nichts mehr verkaufen. »Stell' doch auf Champus um«, rieten sie ihm freundlich. Doch das war ein Markt, den er nicht kannte und der auch schon vergeben war.

Aber er hatte noch einen Trumpf auf der Hand: Damals, als er bei Chemicalpharm ganz groß herauskam mit einem Geriatricum – von dieser Zeit begann er zu träumen. Das war seine große Karriere als Angestellter gewesen. Nach einem erstklassigen Studium und dem Militärdienst hatte er zehn Jahre gebraucht, um sich vom einfachen Verkäufer zum Marketing-Direktor hochzuarbeiten, immer in der Pharma-Industrie. Dabei hatte er sich von Anfang an auf die Nebenmärkte der freiverkäuflichen Stimulantien und Stärkungsmittel spezialisiert. Dann gelang ihm der Sprung an die Spitze aller Verkaufs- und Marketingaktivitäten des Pharmariesen Chemicalpharm AG – er war verantwortlich für die gesamte Produktionslinie der freiverkäuflichen Stimulantien und Stärkungsmittel.

Als er nach über drei Jahren stürmischer Karriere in diesem Haus (aus den oben erwähnten Gründen) ausschied und sich selbständig machte, hieß es in seinem Zeugnis:

»Herr Dr. Gerhard Tobias, geboren am 13. 3. 1914, wurde am 1. 7. 1955 zunächst als Leiter unserer Abteilung Entwicklung und Werbung verpflichtet.

Zu seinem unter dem Oberbegriff »Marktentwicklung« zusammengefaßten Arbeitsgebiet, worunter der Bereich zwischen anwendungstechnischer Reife unserer neuen bzw. weiterentwickelten Erzeugnisse und ihre Verkaufsreife zu verstehen ist, gehörten in erster Linie die Motivforschung und die marktanalytischen Fragen im engen Kontakt mit dem Verkauf.

Bereits im September wurde Herrn Tobias die Leitung unserer pharmazeutischen Verkaufsabteilung »Stimulantia und Stärkungsmittel« und der inzwischen dafür gegründeten Tochterfirma übertragen.

Herr Tobias hat alle ihm übertragenen Aufgaben mit viel Schwung, Initiative und Zielstrebigkeit angefaßt, wobei ihm hinsichtlich Auswahl und Zusammenstellung unseres Verkaufsprogramms »Stimulantia und Stärkungsmittel« seine einschlägigen Erfahrungen auf diesem Gebiet besonders zustatten kamen. Ferner hat er es verstanden, uns durch rasche Steigerung der Umsätze in dem ihm anvertrauten Verkaufsbereich von der Durchschlagskraft seiner Ideen und Methoden so zu überzeugen, daß wir Herrn Tobias mit Wirkung zum 1. Januar 1956 zum Geschäftsführer unserer Tochterfirma bestellten, wobei er zunächst auch noch seine bisherigen Arbeitsgebiete zu betreuen hatte.

Im Laufe des Jahres 1957 hatten die obengenannten Tätigkeitsbereiche unter der Leitung von Herrn Tobias einen solchen Umfang angenommen, daß uns eine Aufteilung zweckmäßig und sinnvoll erschien. Angesichts der besonderen Befähigung von Herrn Tobias als Markenartikler auf seinem speziellen Sektor, entschlossen wir uns daher, uns nicht auf den weiteren Ausbau der von ihm geleiteten Tochtergesellschaft zu beschränken. Da jedoch der Schwerpunkt unserer Firmeninteressen auf anderen, rein chemischen Gebieten liegt und wir für den Stimulantia-Sektor nur ein begrenztes Budget vorsehen wollten, zeigte sich bald, daß Herrn Dr. Tobias der Rahmen unserer Tochterfirma zu eng war. Herr Dr. Tobias hat es daher vorgezogen, sich im Wege gütlichen Einvernehmens von uns zu lösen, um sich einem Wirkungskreis zuzuwenden, von dem er sich größere Entfaltungs- und Fortkommensmöglichkeiten verspricht.

Wir werden mit Herrn Dr. Tobias als Berater unseres Hauses stets verbunden bleiben.«

Zu der Trennung war es nicht etwa gekommen, weil er zu wenig leistete oder keinen Erfolg hatte. Ganz im Gegenteil, er hatte neben den enormen Erfolgen mit allen eingeführten Spezialpräparaten auch enormen Zuspruch gefunden mit einem »verblüffend wirksamen« Verjüngungsmittel. Da war es dem Konzern zuviel geworden. Man trennte sich und arbeitete auf Honorarbasis weiter zusammen.

An diese Verjüngungsmittel dachte er nun, als seine Masche mit Stabilofix und den gefälligen Damen nicht mehr ging. Er war inzwischen auch in die Jahre gekommen und stand dem Gedanken an ein Verjüngungsmittel gar nicht mehr so fern. So versuchte er, ohne Auftrag eines Chemiekonzerns mit eigenen (anfangs beträchtlichen) Mitteln den Stabilisator »Prokann« in den Markt zu bringen. In den Illustrationen eindeutig (junges Mädchen oben ohne und Greis, nur die Glatze war zu sehen, in Umarmung) versuchte er über Direktwerbung mit Prospekten in Altersheimen und Rentnersiedlungen sein Glück.

»Der Stabilisator Prokann verbessert nicht nur Herz-, Kreislauf- und Hirnfunktionen, er regt auch die Leber an und fördert die Verdauung, er schleust stimulierende Mono-XL-Syntine in die Keimdrüsen und sorgt für starke Durchblutung. Nervensystem und Muskeln werden wieder spannkräftig.« Und dann kam die Geschichte von Abraham, der auch noch mit hundert gezeugt hatte. Die lahmen Greise lachten mit den zahnlosen Greisinnen, als sie die Prospekte bekamen. Oder sie waren entsetzt. Viele lachten, aber keiner kaufte.

In Erwartung eines tollen Verkaufsbooms hatte Dr. Tobias die Produktion anlaufen lassen. Nach acht Wochen war er total pleite.

Sein Name als Verkaufs- und Marketingphänomen war gut etabliert. Von dem raschen, totalen Einbruch mit »Prokann« wußten nur wenige. So fand er leicht eine Stelle als Dozent. Bis er auch da scheiterte. Nun ist er arbeitslos. Nachmittags sitzt er in einer kleinen Kneipe im Bahnhofsviertel. Gelegentlich trifft er da eine seiner früheren Beraterinnen, auch arbeitslos (wegen Verschleiß des Betriebskapitals), und dann erzählen sie sich die Geschichten von damals . . .

Der Volkshochschüler

Käse, Butter, Milch, davon verstand er etwas; von Käse verstand er sogar eine ganze Menge. Milchprodukte, insbesondere Käse, waren auch das Metier seines Vaters. Der hatte es bis zum führenden Käsehändler des Landkreises Mettenburg gebracht. Er, der Vater von Karl Eitel, war so erfolgreich, daß für die Mettenburger die Begriffe Käse und Eitel austauschbar waren. Der Vater Eitel war ein robuster, dicker Mann mit einem roten Gesicht und fleischigen Ohren. Seine Hände waren breit und die kurzen Finger stark behaart. Er sprach laut und polternd und duldete keinen Widerspruch. Auch als es um die Ausbildung des kleinen Karl ging, wollte er nichts wissen von Bildungsfirlefanz. Schreiben, lesen und rechnen müsse er können, und damit Schluß! Nach der Volksschule machte Karl eine Lehre als Großhandelskaufmann bei seinem Vater. Unter der Fuchtel des alten Eitel blieb Karl auch nach seiner Lehre. Zunächst arbeitete er als Verkaufsfahrer und wurde abends noch für Büroarbeiten eingespannt. Dann wurde er erster Verkäufer und war zuständig für die Betreuung und Pflege des Eitelschen Kundenkreises. Er kam gut an bei den kleinen Käsehändlern und Lebensmittelhändlern und den Milchgeschäften. »So ein sympathischer, junger Mann«, sagten die dicken Inhaberinnen der Milchgeschäfte; »und so still und höflich«, fügten die Frauen der kleinen Käsehändler hinzu. Sie bemerkten alle nicht, wie es ihn ankotzte, das ganze Käsegeschäft. Sie mißverstanden seine Zurückhaltung und sein Schweigen. Es war reine Beherrschung in einem Job, der ihn anwiderte, den er aber aus Angst vor dem alten Eitel machte.

Wenn er als Verkaufsfahrer und später als erster Verkäufer mit einem der Eitelschen Käsewagen unterwegs war, dann beeilte er sich so, daß er pro Tour eine halbe bis eine ganze Stunde Zeit herausholte. Während dieser Zeit stand der Käsewagen dann in einer Waldschneise oder am Ausgang eines kleinen Ortes, und Karl Eitel schrieb. Als er einmal gesehen wurde und man ihn fragte, sagte er, daß er die Verkaufs- und Lieferpapiere kontrolliere und ausfülle. Tatsächlich lernte er Englisch nach einem Kurs zum Selbststudium. Seine Mutter hatte ihm den besorgt, als er ihr eröffnete, wie schrecklich er die Arbeit in der Firma Eitel fände. Sie hatte ihn schon lange beobachtet und ahnte, daß er unglücklich war. Er war wie sie, schmal, blaß, dunkelhaarig und allem Spirituellen, Geistigen gegenüber aufgeschlossen. Aber sie konnte diesem Hang nicht nachgeben, genauso wenig wie ihr Sohn. Der große, turbulente Käsehandel erstickte alles, und der alte Eitel hielt seine Mannschaft rund um die Uhr auf Trab.

Er würde gerne etwas Intelligenteres machen, eröffnete Karl seiner Mutter, er würde gerne in einer der großen Gesellschaften in der Stadt arbeiten, in einem großen, modernen Büro, das sei sein größter Wunsch. Der Weg dahin führe über eine Verbesserung seiner schmalen Volksschulausbildung, meinte die Mutter. Was wußte er denn schon, welche besonderen Kenntnisse hatte er denn? – Keine, außer den Spezialkenntnissen in Käse, Butter und Milchprodukten. Das stimmte, auf diesem Sektor war er perfekt, dafür hatte der alte Eitel gesorgt.

Nach einer langen Beratung beschlossen Mutter und Sohn, daß Karl ganz heimlich versuchen solle, einen Fernkurs in Englisch zu belegen. Das würde er nachts und auf seinen Fahrten machen können, ohne daß der alte Eitel etwas davon merke. Und außerdem hatte er aus den beiden letzten Jahren Volksschule schon eine kleine Grundlage in Englisch.

Das heimliche Lernen für ein streng geheimgehaltenes Ziel befriedigte ihn. Er schaffte den Kurs spielend und erhielt eine Auszeichnung. Damit der alte Eitel nicht hinter die Sache kam, hatte die Mutter mit dem Fernlehrinstitut vereinbart, daß alle Post an die Adresse ihres Schwagers, eines leitenden Angestellten in der Stadt, gehen solle. Dort nahm Karl auch seine erste Auszeichnung entgegen. Die Mutter hatte den Schwager, Fritz Fädchen, in die Sache eingeweiht. Sie wußte, daß Fädchen den alten Eitel und seine Derbheit nicht besonders mochte. Nicht, daß sie gegen ihren eigenen Ehemann konspirierte, nein, auf so eine Idee wäre Marthe Eitel nie gekommen. Sie brauchte nur einen sicheren Bundesgenossen. Und außerdem würde ja die ganze Sache dem alten Eitel nicht schaden. Im Gegenteil, er müßte eigentlich stolz sein auf so einen Sohn.

Allerdings hatte er nur diesen einen Sohn Karl, der in seinen Zukunftsträumen eine ganz konkrete Rolle spielte: die des begabten Nachfolgers. Karl Eitel sollte einmal alle Pläne und Projekte des alten Eitel verwirklichen und so die Firma Eitel zu nie geahnter Größe emporführen. Die soliden Grundlagen für eine solche Blüte zu legen, war die große Aufgabe, die sich der alte Eitel für seine späten Tage noch vorgenommen hatte. Nicht nur im Landkreis Mettenburg, sondern auch drüben im Kreis Pletenburg und in der Kreisstadt sollte es nur noch einen Großhändler für Käse und Milchprodukte geben: die Firma Karl Eitel Jun. Die Basis für diese weitreichenden Expansionspläne bot der ewige Eitelsche Konkurrent, der Käsegroßhändler Schmalz, der den Kreis Pletenburg und die Kreisstadt mit seinem Käse beherrschte. Der alte Schmalz hatte nur eine Tochter, Frieda, die so richtig den Vorstellungen des alten Eitel entsprach: derb, zupackend, rotbäckig und ganz dem Käsehandel verschrieben. Diese Frieda sollte sein Karl heiraten. Der alte Eitel besprach das mit dem alten Schmalz und einigte sich mit ihm darüber, daß Karl nach seiner Bundeswehrzeit Frieda heiraten werde. Zu diesem Zeitpunkt wolle man dann auch die beiden großen Käsehandlungen miteinander fusionieren.

Beim Abendessen erzählte der alte Eitel seiner Frau und seinem Sohn von dem Gespräch mit dem alten Schmalz. Allerdings sagte er bei dieser ersten Gelegenheit nicht alles. Er war bei all seiner Grobheit doch ein ausgefuchster Kaufmann und wußte, daß er den Heiratsbeschluß verkaufen mußte. Er redete lange und ausführlich über Fusionsmöglichkeiten zwischen den beiden Häusern Eitel und Schmalz und welche Vorteile sich daraus ergeben, welche enorme Verbesserung der Marktposition sich so verwirklichen lasse, welche tolle Ausgangslage gegenüber den Lieferanten und so weiter. Während dieser rein kaufmännischen

Ausführungen näherte er sich immer wieder seinem Hauptanliegen. Er wollte von Karl wissen, ob er Frieda Schmalz kenne, und wie er die so finde, so als Mensch. Dann fragte er unvermittelt nach einer längeren Preiskalkulation, ob denn Karl schon einmal daran gedacht habe, zu heiraten oder ob er etwa schon ein Auge auf eine Bestimmte geworfen habe? –

Solche Fragen waren ganz überflüssig in ihrer scheinbaren Ziellosigkeit. Mutter und Sohn wußten gleich nach den ersten Sätzen, wohin der alte Eitel mit seinem Gerede wollte. Ausgerechnet auf so etwas mußte der kommen. Gerade jetzt, wo sich die Pläne von Mutter und Sohn so gut verwirklichten. Angeregt von Fritz Fädchen hatten sie nach dem gut absolvierten Englischkurs neue Kurse bei dem Fernlehrinstitut gekauft, einen Kurs Betriebswirtschaft I und einen Kurs Rechnungswesen I. Denn Fritz Fädchen hatte durchblicken lassen, daß er als leitender Angestellter der Firma Monolux AG, einem Großunternehmen des Maschinenbaus, durchaus so einen lernbegierigen jungen Mann wie Karl Eitel gebrauchen könne. Der müsse natürlich noch einiges Wissen erwerben, ein paar Kurse machen und gute Zeugnisse beibringen, dann könne er sich bei ihm melden. Karl war begeistert. Das war ja die Chance, von der er geträumt hatte. Er ging gleich mit einem Kursverzeichnis zu Fritz Fädchen und suchte mit ihm gemeinsam die richtigen Kurse heraus. Die wurden dann gekauft, und als der alte Eitel mit seiner Heiratsidee kam, war Karl mitten im Studium der Betriebswirtschaft und des Rechnungswesens. Mutter und Sohn hatten sich gedacht, daß Karl während seiner Bundeswehrzeit diese Kurse zu einem guten Ende bringen könne, um sich dann mit den gewünschten Zeugnissen bei Fritz Fädchen vorzustellen. Und ausgerechnet in diesem Moment mußte der alte Eitel an die Heirat seines Sohnes denken und dabei auch noch auf die dicke Frieda Schmalz verfallen.

Mit dieser Problematik belastet kam Karl zur Bundeswehr. Er hatte nach einem langen Gespräch mit seiner Mutter, die den offenen Konflikt zwischen Vater und Sohn vermeiden wollte, noch mehrmals versucht, mit seinem Vater zu sprechen. Aber der war so entschlossen, seinen Willen durchzusetzen, daß er über andere Möglichkeiten als die Heirat mit Frieda gar nicht erst redete.

Nach seiner Bundeswehrzeit, in der er es bis zum Unteroffizier brachte, heiratete Karl Eitel Fräulein Frieda Schmalz. Die beiden großen Käsehandlungen Eitel und Schmalz fusionierten. Karl Eitel wurde zum Mitgeschäftsführer ernannt, ebenso seine junge Frau Frieda.

Ein Jahr nach diesem großen Ereignis, an einem Märzmorgen, erschien der alte Eitel nicht wie gewohnt auf dem Frachthof, um mit donnernder Stimme die Ordnung für den Tag zu verkünden. So fuhren alle ihre bekannte Tour. Am Nachmittag, als Karl von einer schwierigen Verhandlung zurückgekommen war, ging er zu seinem Vater, um ihm zu berichten. Er fand ihn tot in seinem Stuhl. Der Schlag hatte ihn getroffen.

Endlich war er diesen Druck los und konnte offen das tun, was er schon lange heimlich tat: an der Verbesserung und Erweiterung seiner Wissensbasis arbeiten. Längst war er über die Vorstellung hinaus, bei einer großen Firma in der Stadt in einem schönen Büro zu arbeiten. Es ging ihm inzwischen um Wissen schlechthin. Er überließ seiner resoluten und geschäftstüchtigen Frau Frieda die Führung der Geschäfte und lebte ganz seinen Studien an der Volkshochschule in Pletenburg.

Ein Lehrer hatte sein ganz besonderes Interesse geweckt, der alte Professor Bilehopetschek, der las über ein von ihm gefundenes Grundprinzip, das, wie er sagte, sich im Universum wie in der kleinsten Mikrobe wiederfände und das alles zusammenhalte. Karl Eitel wurde sein Lieblingsschüler. Am Ende der Vorlesungsreihe verfaßte Karl eine umfangreiche Dokumentation über das kosmoenergetische Prinzip des Professors Bilehopetschek, deren Vorwort hier wiedergegeben werden soll:

»Gedanken über den aktuellen Stand der kosmoenergetischen Forschung nach Professor Bilehopetschek, von Karl Eitel.
Vorwort:

Kosmoenergetische Forschung ist der Versuch, über die sich aus der Gegenwart ergebenden Informationen einen Blick in die Zukunft zu wagen. Konstellationen, auf denen aufgebaut werden kann, sollen Aufschluß geben über künftige Perspektiven. Die Schlagworte sind bekannt: Entscheidungshilfen sollen gegeben werden. Die Transparenz des Alls soll sichtbar gemacht werden. Chancen sollen erkundet werden. Systematisch soll ermittelt werden, welche Tendenz, welche Potenz vorhanden ist. Wie ist die Situation heute? Wie kann sich diese Situation verändern? Was scheint möglich zu sein? Welche Grenzen hat die kosmoenergetische Forschung? Wie will sie die in unserer Gesellschaft vorhandenen Unsicherheiten einbeziehen in ihre Untersuchung? Woher will sie die Informationen darüber nehmen, welchen Einfluß die Strömungen unserer gesellschaftspolitischen Situation haben? Woher will sie wissen, was die Menschen denken und empfinden? – Ich, Karl Eitel, will hier zu diesen Fragen Gedanken anklingen lassen, die mit dem Spektrum zu tun haben, das durch kosmoenergetische Forschung zu erfassen ist. Ich will über die Unruhe, die Störungen und die Konflikte reden, die unser Leben so schwer machen, und die zu beseitigen mehr Fortschritt, mehr Reform, mehr Gerechtigkeit bringen und damit mehr Wohlstand für jeden. Ich will sagen: Wir alle müßten versuchen, einen Schritt über das hinaus zu wagen, was unsere Tagesarbeit ist. Wir alle müssen erkennen, daß wir dazu verpflichtet sind, um unserer eigenen Existenz willen.

Wenn man sich mit kosmoenergetischer Forschung beschäftigt, stößt man auf drei merkwürdige Dinge: 1. Es gibt in unserer Gesellschaft, in unserem Leben viele Konflikte. 2. Alle diese Konflikte haben eine und dieselbe Ursache. 3. Für alle Konflikte gibt es eine Lösung. Es gibt viele Variationen von Konflikten. Und sie alle sind gefährlich. Konflikte entstehen aus Spannungen, aus Disharmonien. Wir müssen uns freimachen von der Bezogenheit auf uns selbst.

Wie handelt die Natur, der Kosmos? – Die Natur ist ein Energiesystem, Teil des kosmoenergetischen Systems. Energie erzeugt Spannungen, Disharmonien. Was macht die Natur mit den Energien, den Disharmonien? Die Natur versucht die Disharmonie zu lösen, nach dem kosmoenergetischen System, das besagt, Wirkung und Erfolg einer Kraft hängen nicht von der Größe ab, sondern davon, einen besonders wichtigen Punkt in der Verflechtung zu treffen. Es ist ein Ur-Gesetz, das wir hier und da anwenden, aber immer wieder aus den Augen verlieren – ganz besonders in unseren persönlichen Beziehungen.

Wir schaffen Widerstände – wir sollten Widerstände beseitigen. Jede Pflanze handelt effektiver als der Mensch. Sie wächst nicht gegen andere Pflanzen, sie wächst nicht, um andere Pflanzen zu stören, sie wächst immer in eine Lücke hinein. Es gibt keine Pflanze, die einen Stein, der stärker ist als sie, aus dem Erdreich drücken will. Sie wächst um den Stein herum. Sie verbraucht ihre Kraft nicht in sinnlosem Widerstand gegen etwas, das stärker ist.

Der Mensch handelt oft genau umgekehrt. Wenn er einen Widerstand spürt, meint er, nur durch die Beseitigung dieses Widerstandes könne er sein Ziel erreichen. Er erhöht die Spannung, er schafft Konflikte.

Wenn wir die Dynamik haben, die wir wollen, sind wir nicht imstande, die sich aus der Dynamik ergebenden Disharmonien umzuwandeln in Harmonien. Das ist im Grunde unser Problem. Unsere Aufgabe ist es, Spannungen zu verringern. Wir müssen darum unsere Strategie ändern. Diesen Bedürfnissen ist die folgende Arbeit gewidmet.«

Die erste Nutzanwendung dieses »Urprinzips«, das er mit Hilfe des Professors Bilehopetschek begriffen hatte, war die Scheidung von Frieda, geborene Schmalz, die praktizierende Verwandlung der Disharmonie – entstanden aus der robusten Dynamik von Frieda – in die Harmonie des endlich freien Mannes. Mit einem Schlag war er die dicke, robuste Frau und den Käsegroßhandel los. Für seine Mutter war gesorgt, und er selbst erhielt bei der Vermögensteilung ein beachtliches Vermögen. Er wurde Assistent von Professor Bilehopetschek und hielt vor den Volkshochschülern der ersten Semester Kurse über Erscheinungsformen des kosmoenergetischen Prinzips. Sein dabei immer wieder vorgebrachtes Beispiel, an dem sich, wie er sagte, so schön das Ur-Prinzip erläutern lasse, war das eines – frei erfundenen – Sohnes, der sich gegen seinen – frei erfundenen – übermächtigen Vater durchsetzt. Nicht, indem er ihm direkten Widerstand leistet, sondern indem er wie die Pflanze um ihn herumwächst. Nicht überwältigen, überwachsen war das Motto.

Mit einer der Volkshochschülerinnen, die seine Ausführungen besonders bewunderte – sie nannten sich Studentinnen, wenn sie unter sich waren – zog er zusammen. Nun führt er als Dozent Karl Eitel einen gemeinsamen Haushalt mit ihr.

Zum Pflegen berufen

Klaus Gerhard war ein mittelmäßiger Schüler und schaffte es, ohne eine Klasse zu wiederholen, bis in die Oberprima zu kommen. Sein Traum war es, Medizin zu studieren und einmal ein berühmter Arzt zu werden. Aber als er dann das Abitur nicht schaffte, war der Traum erst einmal zu Ende. Sein Vater war sowieso dagegen gewesen. Der war im Grunde seines Herzens froh, daß Klaus es nicht geschafft hatte. Er hatte ihn auch nie unterstützt, immer nur kritisiert, kein Verständnis gehabt für seine Wünsche und Träume. Dann war da der neue Klassenlehrer, den sie von der Obersekunda an bekommen hatten. Der war einfach gegen ihn eingestellt, mochte ihn vom ersten Moment an nicht leiden. Der hatte auch schnell seine schwachen Stellen herausgefunden und verfolgte ihn regelrecht. Dem machte es einen sadistischen Spaß, ihn vor der ganzen Klasse bloßzustellen. Na ja, und dann klappte es eben nicht mit dem Abitur. Für seinen Vater war das eine tiefe Befriedigung. Er hatte ja schon immer gesagt, daß es besser gewesen wäre, wenn Klaus mit der mittleren Reife die Schule verlassen hätte und in eine kaufmännische Lehre eingetreten wäre. Das war es auch, was jetzt nach dem verbauten Abitur auf ihn zukam: Er mußte eine dreijährige Lehre als Bankkaufmann machen. Mehr schlecht als recht schaffte er den Lehrabschluß. Das ganze Klima in der Bank, diese trockenen Zinseszinsrechnungen und Geldumlauftheorien interessierten ihn überhaupt nicht. Statt dessen las er in der Schreibtischschublade oder unter Akten versteckt Einführungen in die Psychologie, Abwandlungen über die psychoanalytische Methode und Fachbücher über Neurose. Auch während dieser Lehrzeit hatte er einen Feind, den Abteilungschef in der Kreditabteilung, Dr. Kleinschmittchen, einen dürren, älteren Mann mit spitzer Nase und verkniffenem Mund, der mit unfehlbarem Instinkt ahnte, wann Klaus heimlich über seinen psychologischen Studien saß.

»Was machen Sie da, Herr Gerhard«, fragte er dann spöttisch, nachdem er bereits eine Weile lautlos hinter ihm gestanden hatte. Er fuhr dann erschrocken zusammen und wußte nie sofort eine passende Antwort, obwohl er sich für diese Gelegenheiten immer ein paar gute Erwiderungen zurechtgelegt hatte. Sie fielen ihm aber immer erst wieder ein, wenn Dr. Kleinschmittchen seine spöttischen Ermahnungen beendet hatte und mit einem: »Sie werden nie ein ordentlicher Banker, Gerhard« davongegangen war.

Nach der Banklehre war Gerhard einundzwanzig Jahre und frei in seinen weiteren Entschlüssen. Er kündigte in der Bank, sagte seiner Familie ade und ging in die Schweiz. Hier begann er eine zweite Lehre als Lernpfleger an den psychiatrischen Kliniken in Basel. Endlich war er da angekommen, wohin es ihn schon während seiner Schulzeit gezogen hatte: in einem Krankenhaus und dazu noch in einem für psychiatrische Fälle. Er hatte einen weißen Kittel an, durfte gelegentlich bei den Visiten mitgehen und wurde in allen praktischen und theoretischen Fächern, die ein Pfleger beherrschen muß, sehr sorgfältig ausgebildet.

Er betrachtete sich manchmal in dem großen Spiegel in seinem Zimmer, wenn er einen weißen Kittel anhatte und sich das geliehene Stethoskop lässig umgehängt hatte. Dann war er Professor Doktor Klaus Gerhard, der über die Grenzen Europas hinaus berühmte Arzt. Er beendete die Ausbildung in Basel mit Auszeichnungen und großem Lob sowie einer Empfehlung an die Neurologischen Kliniken Dr. Permiderper in Ailgolfingen. Man kannte sich in diesen Kreisen und empfahl sich die guten Pflegekräfte.

Während der glücklichen Zeit in Basel gab es nur gegen Ende der Lehre eine Mißstimmung. Als er eines Abends wieder in seinem Zimmer vor dem Spiegel den berühmten Professor Doktor Klaus Gerhard ausprobierte, irrte sich eine der jungen Pflegerinnen in der Tür und überraschte ihn. Sie war erst sehr verdutzt, dann fing sie an zu begreifen, lachte und schloß ganz schnell wieder die Tür. Dieses Lachen verfolgte ihn. An den folgenden Tagen beobachtete er die Pflegerinnen, um herauszufinden, ob die eine den anderen ihr Erlebnis erzählt hatte. Es war nicht eindeutig auszumachen. Manchmal meinte er, bei der einen oder anderen ein gewisses spöttisches Lächeln feststellen zu können. Oft schien es ihm auch, als sprächen sie heimlich abfällig über ihn. Aber er hatte keinen Beweis. Die Unruhe darüber warf einen Schatten auf seine letzten Tage in Basel.

Am ersten März begann er als Pfleger an den Neurologischen Kliniken Dr. Permiderper in Ailgolfingen. Er arbeitete sich rasch ein unter seinen beiden Chefinnen, der alten Oberin Schwester Brunhilde und der Chefärztin Frau Doktor Malpa. Sie mochten den fleißigen jungen Mann und förderten ihn, wo sie nur konnten. Auch zu dem stellvertretenden ärztlichen Direktor, Herrn Doktor Hauser, hatte er bald ein gutes Verhältnis. Nach einem Jahr als Krankenpfleger ergab sich für ihn die große Chance: Die verantwortliche Stationsschwester in der Abteilung III schied aus. Die Chefärztin Frau Doktor Malpa und die Oberin Schwester Brunhilde sprachen sich für ihn aus, und er wurde offiziell zum Stationspfleger ernannt. Damit hatte er ein umfangreiches Aufgabengebiet übernommen, das seinen ganzen Einsatz forderte. Von der Überwachung der Therapiemaßnahmen, der Führung der Stationsberichte, der Blutentnahme für die verschiedenen Untersuchungen bis zur Medikamentenverabreichung und zu den Visiten hatte er für alles die volle Verantwortung.

Er führte die Station in allem, was die Pflege betraf, selbständig. Er war als verantwortlicher Stationspfleger auch Chef von zwölf bis fünfzehn Krankenpflegehelferinnen. Sie waren es, die in ihm den geborenen, begabten Arzt sahen. Zu ihm kamen sie, wenn Patienten schwierig wurden, wenn kritische Fälle auftraten, wenn etwas schiefgegangen war oder wenn sie sonst nicht weiter wußten. Er wußte immer das Richtige, kannte die Mittel und ihre Dosierung auswendig und gab die richtigen Diagnosen. Seine Pflegehelferinnen verehrten ihn und fanden es ganz in Ordnung, daß er sich kleidete, ausstattete, sprach und gab wie der Chefarzt persönlich.

Das ging ein ganzes Jahr lang gut. Dann hörte er zufällig,

wie der stellvertretende medizinische Direktor Dr. Hauser mit Professor Meier sprach, von dem »Möchtegern-Doktor Gerhard« redete und sich über ihn lustig machte: »Solange der die Blutproben noch ordentlich entnimmt, geht es ja, aber wenn er anfängt, eigene Diagnosen zu geben und Mittel zu verabreichen, dann ist er nur noch als Patient hier richtig. Als der Professor Meier bedenklich mit dem Kopf nickte, sagte Hauser: »Keine Sorge, Professor, wir haben ihn schon im Auge.«

Da begann es wieder, das nagende Gefühl der Unsicherheit, der Angst, das ihm schon seine letzten Tage in Basel schwer gemacht hatte: das Gefühl, verfolgt zu sein, das er schon aus seinem Elternhaus und von seinem letzten Lehrer her kannte. Es machte ihn krank. Er schlief einige Nächte nicht mehr. Dann faßte er den Entschluß, sich durch ein Zwischenzeugnis seine Leistungen bestätigen zu lassen und gleichzeitig zum Ausdruck zu bringen, daß er ja nicht unbedingt da bleiben müsse. Er wandte sich mit seiner Bitte an die ihm wohlgesonnene Chefärztin Frau Doktor Malpa. Sie kam seinem Wunsch gerne nach:

Zwischenzeugnis
für Herrn Klaus Gerhard

»Herr Klaus Gerhard ist nach seiner erstklassigen Ausbildung als Lernpfleger an den psychiatrischen Anstalten in Basel mit Empfehlungen zu uns gekommen. Schon nach einem Jahr konnten wir ihn als verantwortlichen Stationspfleger in der Station III einsetzen. Die Mitarbeit von Herrn Klaus Gerhard hat in den zwei Jahren unserer gemeinsamen Arbeit nur Freude gemacht.

Herr Gerhard hat sich als sehr gewissenhafter Pfleger bewährt, der die Anordnungen des Arztes präzise ausführte. Er hat ein sehr gutes Verhältnis zu den Patienten, denen er stets freundschaftlich, ruhig, aber den ärztlichen Maßnahmen entsprechend entgegenkam und deren nicht immer leichte Pflege und Führung er in bester Weise auf sich nahm. Seine ruhige, verständnisvolle Art hat ihn auch unter seinen Mitarbeitern beliebt gemacht.

Verständnis für die Fächer Neurologie und Psychiatrie beweisen seine präzisen Stationsberichte über Anfälle aller Art und über die Verhaltensweisen wesensveränderter Patienten, mit denen er den Ärzten große Hilfe leistete. Seit einem Jahr hat sich Herr Gerhard auch als Röntgenassistent betätigt und dabei durch seine Kenntnisse und sein Verständnis sehr wertvolle Dienste geleistet. Er führt auch schon kleinere Untersuchungen selbständig durch. Außerdem hat er sich in kurzer Zeit mit den verschiedenen Blutuntersuchungstechniken so vertraut gemacht, daß er sich als Assistent des Arztes bestens bewähren konnte.

Ich kann Herrn Gerhard mit gutem Gewissen als einen Mitarbeiter mit ausgezeichneten Eigenschaften für einen Pfleger bezeichnen. Seine Tätigkeit auf der Station III ist hinsichtlich der Organisation und der Führung vorbildlich. Seine Einstellung zum medizinischen Beruf ist dank seines guten Einfühlungsvermögens, seiner Kollegialität und seiner Hilfsbereitschaft überaus positiv. So war er stets zu Sondernachtwachen oder als Begleitperson für Patiententransporte bei Verlegungen in Krankenhäuser oder psychiatrische Anstalten bereit.

Im Umgang mit unseren oft schwierigen Patienten erwies er sich als überaus geschickt und stellte laufend seine Eignung unter Beweis. Er arbeitete überaus verläßlich und zu unserer vollsten Zufriedenheit. Die Chefärztin.«

Dieses Zeugnis beruhigte ihn eine Weile. Aber der Verdacht blieb, daß man ihn täuschte, hinterging und zu Fall zu bringen versuchte. Er suchte nach Beweisen dafür, beobachtete die Ärzte, belauschte ihre Gespräche, hörte überall verstecktes Lachen, heimlichen Spott, abfällige Bemerkungen. Und damit er die vielen Details, die er im Laufe eines Tages entdeckte, nicht vergaß, schrieb er sie auf. Wenn er dann eine Reihe dieser Aufzeichnungen hintereinander las, verdichtete sich sein Verdacht zur Gewißheit. Man wollte ihn nicht nur als anerkannten erstklassigen Stationspfleger zu Fall bringen, sondern auch seinen wachsenden Ruf als Diagnostiker und Psychologe vernichten. Er wußte doch, daß »seine« Patienten auf seine Diagnosen mehr gaben als auf die irgendeines promovierten Assistenzarztes. Und er wußte auch, daß er eine überragende psychologische Begabung hatte, würde er denn sonst mit den schwierigen Fällen der Schizophrenen so gut auskommen, würde er denn sonst eine so reibungslos funktionierende Mannschaft aus über fünfzehn Pflegehelferinnen ohne Zwischenfälle und Pannen führen können?

Sein Ruf als Psychologe war es, der den Vollakademikern, den Doktoren und Professoren zu schaffen machte, der sie ängstlich machte – denn er konnte mit seinem Wissen und seiner Begabung, seinem Naturtalent ihre Papier-Wissenschaftlichkeit spielend in den Schatten stellen. Sie wollten nicht nur seinen Ruf ruinieren. Aus seinen Aufzeichnungen ergab sich eindeutig, daß sie ihn auch als Persönlichkeit vernichten wollten. Es war ihr Ziel, ihn als unzurechnungsfähig und als schweren Fall in die geschlossene Abteilung einzusperren und dann mit Psychopharmaka zu füttern, bis er wirklich verrückt war.

Dieser Gedanke verfolgte ihn auch nachts und entwickelte sich in immer größerem Ausmaß. Er rührte keine Speisen mehr an, weil da schon Mittel drin sein konnten. Er wich den Blicken seiner Hauptfeinde aus, weil einige von ihnen hypnotische Fähigkeiten hatten und versuchen könnten, ihn zu lähmen. Er vermied es, in die Nähe der geschlossenen Station zu kommen, und wenn wirklich dort ein Auftrag zu erledigen war, dann schickte er eine Pflegerin. Denn er wußte, daß sie alle nur auf den Augenblick lauerten, in dem er einmal eine geschlossene Station betreten würde, dann werde man sofort die Tür hinter ihm zuwerfen und abschließen.

Was ihn quälte, war der fehlende, materielle, handgreifliche Beweis für dieses ungeheure Komplott, das da gegen ihn und seine neue Wissenschaft geschmiedet wurde. Dieser fehlende Beweis ergab sich eines Tages ganz unverhofft durch einen Zufall. Er benötigte für seinen Lohnsteuerjahresausgleich eine Gehaltsbescheinigung. Aus diesem Anlaß sprach er in der Lohn- und Gehaltsabteilung vor. Er traf dort einen Angestellten, der erst seit einigen Tagen diesen Posten hatte. Das war die Chance für Klaus Gerhard. Dieser neue Angestellte war offensichtlich noch nicht in das große Komplott eingeweiht. Gerhard beobachtete gespannt, wie der Neue die Gehaltskarte herausholte, um die gewünschten Daten in die Bescheinigung einzutragen. Es fiel Klaus wie Schuppen von den Augen, als er unter der Rubrik »Position« das Wort »Krankenpflegehelfer« las. Damit war eindeutig der schriftliche Beweis erbracht, daß betrügerische Manipulationen im Gange waren. Sogar in seinen offiziellen Unterlagen hatte man ihn schon degradiert. Er entriß dem verdutzten Büroangestellten mit zitternden Händen die Gehaltsbescheinigung und rannte, mit

Schweiß auf der Stirn und am ganzen Körper bebend, in sein Büro. Dort warf er die Tür hinter sich zu und schloß zweimal ab. Fiebernd ordnete er seine geheimen Notizen. Endlich hatte er den klaren schriftlichen Beweis für die gegen ihn laufende perfide Verschwörung einer ganzen Clique von zu allem entschlossenen Ärzten und Professoren in den Händen. Aber er hatte sie alle durchschaut. Er hatte es ihnen von Anfang an angesehen. Seiner überragenden Intelligenz war keiner ihrer verwerflichen Schritte entgangen.

Jetzt galt es zu handeln. Zunächst mußte er sich dem direkten Zugriff der Verschwörer entziehen. Sie durften ihn nicht in die geschlossene Abteilung einsperren. Dann war alles verloren. Er schaute aus seinem Fenster in den Klinikhof. Da standen sie schon und beratschlagten mit dem Büroangestellten, dem er die Gehaltsbescheinigung, den Beweis, entrissen hatte. Er mußte fliehen, bevor sie das Gebäude umstellten. In rasender Eile warf er seine Notizen, sein ganzes Beweismaterial und seine wissenschaftlichen Aufzeichnungen in einen Koffer und kletterte über die Feuerleiter in den hinteren Garten. Von hier aus kam er im Schutze von Hekken an das hintere Tor und erreichte die Landstraße. Dann lief er geduckt hinter Mauern und Zäunen weiter, bis er sich in sicherer Entfernung von der Klinik befand. Entkommen!

Als nächster Schritt mußte sofort die Öffentlichkeit verständigt werden. Gerhard lief mit seinem Koffer und allen Dokumenten bis zum nächsten Ort und dort zu dem Chefredakteur der Ortszeitung. Er fand in ihm einen sehr verständigen Mann, der seine Wünsche nach Übermittlung einer ersten Stellungnahme an alle Zeitungen, Rundfunksender und Fernsehstationen der Welt wohlwollend aufnahm und sofort weitergab. Auch den Fernsehwagen bestellte er sofort. Als der dann kam, entstieg ihm kein Fernsehteam, das seine erste Ansprache an die Welt aufzeichnen sollte, sondern ein paar Pflegehelfer aus der Anstalt mit einer Zwangsjacke . . .

Weiche Landung

Mit dreiundzwanzig Jahren wurde ich als junger Diplom-Wirtschaftsingenieur (Studienabschluß summa cum laude) erster Assistent des Werksdirektors der Karl Karlschmitt Maschinenbau Aktiengesellschaft, einem Konzernunternehmen mit 6000 Mitarbeitern und weltweiten Aktivitäten. Mit 28 Jahren stieg ich auf zum Leiter der Projektierung von Karlschmitt Elektronik. Nach zwei Jahren erfolgte die Beförderung zum Office-Manager der Vertriebszentrale Elektronik. Während dieser Zeit erhielt ich Gelegenheit zu einer zweimonatigen Studienreise nach Amerika. Im Auftrag des Unternehmens untersuchte ich bei befreundeten amerikanischen Großfirmen den organisatorischen Zusammenhalt zwischen Produktionsmuttergesellschaften und Vertriebstochtergesellschaften mittels EDV. Während meiner fünfjährigen Arbeit als Office-Manager absolvierte ich ein achtsemestriges Abendstudium als Betriebswirt. Ich erhielt das Prädikatsexamen mit der Note »sehr gut« und bin seitdem berechtigt, neben dem Titel des Diplom-Wirtschaftsingenieurs den des Betriebswirtes (grad.) zu tragen.

Mit dreißig Jahren stieg ich auf zum Gesamtvertriebsleiter der Karlschmitt Elektronik. Es sei erwähnt, daß Karlschmitt Elektronik auf seinem Sektor das größte Unternehmen seiner Art in Europa ist. Mir unterstanden vollverantwortlich der gesamte Verkaufsinnendienst und der Verkaufsaußendienst. Allein im technischen Außendienst (BRD und Ausland) unterstanden mir einige hundert Mitarbeiter. Der Vertriebsinnendienst bestand aus circa siebzig Leuten. Nach vier Jahren stieg ich auf zum Prokuristen der AG. Damit war ich dem Gesamtvorstand Vertrieb direkt unterstellt.

Da aufgrund meiner Initiative und unter meiner Leitung mit der Umstellung der Verkaufsabwicklung und der Fakturierung auf elektronische Datenverarbeitung begonnen wurde, stieg ich nach einjähriger Tätigkeit zum Organisationsleiter der AG auf. Ich wurde dem Gesamtvorstand Verwaltung unterstellt.

Bis zu diesem Zeitpunkt hatte ich für die AG folgendes erreicht:

1. Kostensenkung durch Personalreduzierung in meinem Bereich im Verkaufsinnen- und Außendienst, in der Projektierung und im Kundendienst.
2. Leistungssteigerung durch Austausch von unqualifiziertem Personal im neu aufgebauten EDV-Bereich.
3. Liquiditätsverbesserung durch ein wirksameres Mahnwesen über EDV. Wir haben damit unsere Konditionen bei unseren Banken und Lieferanten wesentlich verbessert.
4. Verbesserung und Vereinfachung des innerbetrieblichen Informationsaustausches durch Arbeitsvereinfachungen, Formularentwurf und Elimination doppelter Registraturen.
5. Einführung eines Identifizierungs- und Klassifizierungssystems zur Artikelnumerierung des Vorratsvermögens. Mit Hilfe dieses Systems ist es gelungen, die Stücklisten von nahezu allen Fertigprodukten EDV-mäßig verarbeitbar zu machen.

Eine beachtliche Liste! Auch mein Einkommen war entsprechend mitgestiegen. Ich gehörte zum erweiterten Top-Management-Kreis der Zentrale.

Mein Aufstieg, schnell, konsequent und erfolgreich, hatte Widerstände entstehen lassen, die ich aber rasch überwand. Oft ging es nicht ohne Entlassungen, Versetzungen, Reorganisationen. Das begründete meinen Spitznamen »Der Besen«. Mit den Jahren bildeten sich in allen Abteilungen, in denen ich mit viel Freude und Einsatz arbeitete, kleinere oder größere Gruppen von Leuten, die mich nicht mochten. Eben die »Stufen«, die sich ärgern und zurückbleiben, wenn man über sie hinweggeht und aufsteigt. Lauter Enttäuschte, Verbitterte, Hängengebliebene. Aber das ist eben der Lauf der Dinge. Aufstieg geht immer auf Kosten anderer, die ebenfalls gerne aufgestiegen wären, es aber nicht geschafft haben. Ich konnte von meiner Position als Organisationsleiter aus in jeden Bereich eingreifen und ihn so verändern, daß am Ende die

Leute, die mir nicht paßten, überflüssig wurden und gingen. Darum fürchteten mich mit der Zeit alle. Kräfte mit gleichem fachlichen Niveau, wie ich es hatte, duldete ich nicht neben mir. Es gab zwei Versuche, mich durch solche Spezialisten, die man mir gleichstellte, zu unterlaufen. Aber es fehlte ihnen das Detailwissen der großen Organisation. Ich gab es ihnen auch nicht, da scheiterten sie.

Über mir gab es nur noch den Vorstand Verwaltung. Diese letzte steile Strecke aufwärts war aber bis auf weiteres nicht zu meistern, weil dieser Vorstand noch über sechs Jahre im Amt bleiben sollte. Diese sechs Jahre hatte ich noch zu warten, dann war mir der Posten sicher. So baute ich meine bis jetzt erreichte Position aus und stärkte sie. Ich setzte an die Spitze der Programmierung, der allgemeinen Organisation und des Rechenzentrums Leute, die mir ergeben waren, und gab ihnen Stellvertreter bei, die mir ebenfalls ergeben waren. Dann entfachte ich unter diesen sechsen einen scharfen Konkurrenzkampf (jeder gegen jeden) und empfing sie gelegentlich einzeln zum Rapport. Durch diese Konstellation liefen alle Bereiche ganz vorzüglich, und ich hatte die Arme frei. Frei für die Vorbereitung auf den letzten Sprung nach oben.

Von allen gefürchtet, fachlich unangreifbar, für die AG lebensnotwendig (ich brauchte nur den Computer abzustellen, heimzugehen, und schon lief nichts mehr), mit einer auf mich eingeschworenen Crew (sich untereinander befeindender) erstklassiger Spezialisten, war ich eine etablierte Macht, bereit für die Übernahme des höchsten Amtes. Für die normalen Angestellten (einschließlich Management) unangreifbar wie ein Raumschiff zog ich meine Kreise auf gleichbleibender Wartebahn, bis sich durch das Ausscheiden des Vorstandes Verwaltung die Möglichkeit des Weiterflugs zu meinem Stern ergben würde.

Nach einem Jahr Wartestellung ergaben sich erste, unerwartete Schwierigkeiten, die ich in ihren Konsequenzen damals nicht überschaute. Mein Organisationstalent, meine Kreativität, meine Zielstrebigkeit, Dynamik, Vitalität und Durchsetzungskraft, erprobt und trainiert in vielen Auseinandersetzungen während meines steilen Aufstiegs, lagen brach. Es gab nichts mehr zu kämpfen, durchzusetzen, zu überwinden. Ich hatte meine Position so stark ausgebaut, daß sich niemand in mein komfortables Büro ohne Voranmeldung wagte. Abgesehen vom routinemäßigen Rapport meiner untereinander verfeindeten Abteilungsleiter geschah nichts. Ich war den ganzen Tag allein an meinem Schreibtisch. Anzurufen wagte auch keiner, weil alle fürchteten, wenn ich nur ihre Stimme hören würde, dann könnte mir eine für sie negative Organisationsänderung einfallen.

Aus meinem Büro heraus konnte ich nicht, denn ein Pfeiler meiner Macht war das Geheimnisvolle. Jeder wußte, daß ich in meinem Büro saß, aber keiner wußte, was ich genau tat. Früher hatte ich es oft so gemacht, daß ich morgens mein Büro betrat und es abends wieder verließ, ohne mit jemandem (außer meiner Sekretärin) zu sprechen. Nach einer Woche oder einem Monat erschien ich dann vor versammelter Mannschaft und erläuterte meine neuen Pläne, die wieder einigen Nieten und Faulenzern den Job kosteten. In solchen Zeiten der geheimnisvollen Zurückgezogenheit sagten sie: »Der bastelt wieder an einer Bombe, oder tickt sie etwa schon?« – »Wen wird es dieses Mal treffen?« – Ich hätte sie ganz verwirrt, wenn ich in den Büros erschienen wäre oder gar versucht hätte, mit einigen von ihnen zu sprechen. »Was will der?« hätten sie sich untereinander ängstlich gefragt. »Wen will der jetzt hereinlegen?« Ich war eben nicht einer der ihren, von ihren Unterhaltungen, Späßen, Freuden und Befürchtungen, ihren Flirts und kleinen Sticheleien ausgenommen. Ich war der Chef, Inhalt vieler ihrer Gespräche am Arbeitsplatz und zu Hause, Gegenstand ihrer Träume. Wenn ich morgens mit leicht gekrauster Stirn durch den Flur zu meinem Büro ging, dann sprachen sie untereinander: »Hast du den gesehen heute morgen? – Schlechte Laune, sah völlig verbiestert aus, das wird noch was geben heute!« Einige besonders Ängstliche nahmen dann den Tag frei, Urlaub. Für die anderen war meine finstere Miene Hauptthema (was hat der bloß wieder?), und alle waren erleichtert, wenn nichts geschah bis Feierabend. Unter diesen aus der Aufstiegsphase her übernommenen Gewohnheiten und Riten konnte ich nun während der Wartephase nicht plötzlich heraus aus meinem Büro und leutselig werden.

Meine Sekretärin war eine altgediente, absolut zuverlässige Kraft, ein Faktotum, die Befehle entgegennahm und gewissenhaft ausführte, und wenn sie über Leichen gehen mußte. Sie kannte nur den Dienst in meinem Vorzimmer und sonst gar nichts. Ein privates Wort hatte ich nie mit ihr gewechselt. Das hätte sie auch nur verwirrt. Eine hohe, strikte Dienstauffassung war uns beiden gemeinsam. Und noch etwas hatten wir beide gemeinsam: Privatleben, Abschalten, Hobby kannten wir nicht und hielten wir auch für verwerflich. Aus Männern machte sie sich so wenig wie ich mir aus Frauen: reine Zeitvergeudung, nur Ärger, und dann auch dieses Aufeinanderrücken, diese Schweinerei. Pfui! Sie hatte nur ein kleines Laster, das ich ihr aber zugestand, sie trank gerne starken schwarzen Kaffee. Insgesamt bot sie nicht die geringste Chance einer Hilfe bei der Lösung meiner neuen Probleme.

Über diese neuen Probleme konnte ich nun nachdenken. Ich hatte ja den ganzen Tag Zeit. Irgend etwas anderes tun wollte ich nicht. Um meine Sekretärin nicht aus der Routine zu bringen und weil ich irgend etwas tun mußte, ging ich alle alten und neuen Organisationspläne noch einmal im Detail durch. Dabei kam ich oft ins Sinnieren. Ich stand ja unter keinem Zeitdruck, und so überlegte ich mir, während ich zum Fenster hinausschaute, all' die verwirrend vielfältigen Folgen, die meine früheren Organisationsänderungen für das Privatleben der einzelnen Betroffenen gehabt haben oder gehabt haben können. Die Veränderung der personellen Zusammensetzung einer Gruppe zum Beispiel – da zerrissen Freundschaftsbande, und neue knüpften sich, Flirts brachen plötzlich ab, und neue begannen. Und dann die Veränderungen in der Persönlichkeitsstruktur der Betroffenen, wenn sie ihre vielen kleinen Gewohnheiten aufgaben und sich an neue gewöhnen mußten, wenn sie alte Wunschvorstellungen bezüglich ihrer Laufbahn durch neue ersetzen mußten. Sie waren dann wochenlang unruhig, schliefen wahrscheinlich schlecht, hatten Streit zu Hause und stiegen im falschen Stockwerk aus dem Fahrstuhl.

Bei diesem Sinnieren über Folgen und Kausalitätsketten verging die Zeit, und manchmal vergaß ich zu essen. Wenn es mir dann nachmittags schlecht wurde, ließ ich mir von meiner Sekretärin einen kleinen Cognac bringen. Der wärmte so schön und entspannte. Es war mir etwas peinlich, muß ich zugeben, mir von Fräulein Schmal einen Cognac bringen zu lassen. Damit gab ich ein Zeichen von Schwäche, und sei es auch nur Magenschwäche. Darum brachte ich neuerdings in meinem großen Aktenkoffer eine Flasche Cognac und ein Glas mit, sowie Pfefferminzbonbons wegen des Geruchs. Ich verschloß alles sehr sorgfältig in meinem Schrank.

Nach einem weiteren Jahr hatte ich alle Organisationspläne mit allen Details vorwärts und rückwärts durchgespielt, und mir fielen auch keine neuen Folgen im privaten Bereich der Betroffenen mehr ein. Ich hatte absolut nichts mehr zu tun. Aber mein Kopf arbeitete, mein Körper funktionierte, ich saß leibhaftig an meinem Schreibtisch, sah zum Fenster raus und tat nichts. Ein Normal-Angestellter kann sich diesen Zustand gar nicht vorstellen. Er bekommt ja immer Arbeit zugewiesen, steht unter Zeitdruck, hat eine Aufgabe. Ihm erscheint Nichtstun, Freizeit als ein erstrebenswertes Ziel. Meine Aufgabe war es, in Stärke zu warten, noch vier Jahre lang, ohne daß ich irgend etwas zu arbeiten hatte.

Ich wurde das nagende Gefühl nicht los, irgendwie schuldig zu sein, ich entwickelte ein schlechtes Gewissen, das jede Stunde zu mir sprach. Schon wieder eine Stunde vertan, schon wieder eine Stunde vertan, schon wieder ...

Lesen konnte ich nicht, was sollte ich auch lesen? – Ich hatte keine besonderen Interessen. Zum Lesen gehört auch Ruhe, Konzentration. Aber ich war nervös, gereizt, unzufrieden und von Vorstellungsketten sinnloser Art, die in meinem Kopf spielten, zwanghaft verfolgt. Ich versuchte den Kopf, die sinnlosen Projektspiele, einfach abzustellen, mich auf die Wolken am Himmel zu konzentrieren, es ging nicht. Mit einigen raschen Assoziationssprüngen war ich wieder mitten drin in meinen »Luftnummern«, zum Beispiel einem langen Streitgespräch mit dem alten Aufsichtsratsvorsitzenden Professor Meier (der natürlich gar nicht da war). Wenn dann das Telefon schrillte, schreckte ich zusammen und fand nur mühsam zurück in die realen Bezüge.

Und ich bekam Angst, sinnlose Angst, Angst ohne Inhalt, namenlose Angst, die mir im Nacken saß und mich nur zögernd atmen ließ, alle Sinne gespannt. Gelegentlich nahm die Angst schemenhafte Formen an. So dachte ich manchmal, daß ein Lauscher hinter der Tür stände, oder daß man einen geheimen Sender in meinem Büro angebracht hätte, um mich auszuspionieren. Dann lauschte ich auf alle leisen Geräusche in meinem leisen Büro, lauschte ins Leere.

Während dieser Zeit wechselten einige Vorstandsmitglieder aus Altersgründen in den Ruhestand und wurden durch jüngere von draußen ersetzt. Auf diese Gruppe der neuen, jungen Vorstände fixierte sich schließlich meine Angst. Mit ihren möglichen Wünschen, Vorstellungen und Projekten in bezug auf mich, den designierten, neuen Vorstand Verwaltung beschäftigte ich mich und bildete ein Netzwerk von Vorstellungsketten bedrückender Art.

Wenn die Stille, die Angst und das schlechte Gewissen (schon wieder eine Stunde vertan, schon wieder ...) zu schlimm wurden, griff ich zu meiner geheimen Cognac-Flasche. Sie war meine letzte Zuflucht. Nach drei, vier ordentlichen Gläsern entspannte ich mich und wurde wieder mutig. Dann hörte auch das lästige Zucken meiner Augen auf, das sich seit einiger Zeit störend bemerkbar machte, und ich kam soweit, konkrete Zukunftspläne zu machen. So dachte ich zum Beispiel an einen Wechsel, zu einem anderen Unternehmen.

Vielleicht etwas weiter unten wieder anfangen, dachte ich dann, aber dafür wieder mit Leuten reden können, wieder etwas zu tun haben, eine Aufgabe. Und dann würde ich auch von dem Cognac wieder loskommen, der auch nachts das einzige Mittel gegen Schlaflosigkeit, Angstträume und Zittern war.

So verbrachte ich ein weiteres Jahr, zurückgezogen, dem Cognac verfallen und mehr und mehr entfernt von der betrieblichen Wirklichkeit. Ich bemerkte nicht, wie mein Ruf durch die lange Unsichtbarkeit und das Ausbleiben der gefürchteten Organisationsänderungen zerbröckelte. Erst versuchten sie vorsichtig, mich in Kleinigkeiten zu übergehen. Sie informierten mich nicht mehr über alles und warteten, ob etwas passierte. Als nichts geschah, wurden sie frecher, insbesondere meine Vertrauten aus der allgemeinen Organisation, dem Rechenzentrum und der Programmierung. Sie verbündeten sich und drückten beim Vorstand durch, daß sie mir gleichgestellt wurden und mich in meiner Abwesenheit oder bei Verhinderung voll vertreten konnten. Sie machten das im Betrieb dann publik, nur mich informierte niemand. Die Folge war, daß sich nun alle Leute, insbesondere die, denen die Angst vor mir noch im Nacken saß, an meine ausdrücklich vom Vorstand beauftragten Stellvertreter wandten. Mich brauchten sie nicht mehr. So kam ich langsam aber sicher aus meiner Bahn, ich verlor an Höhe, begann zu schlingern und entfernte mich Stück für Stück von der Einstiegsposition in den Vorstand.

Der Vorstand Verwaltung, auf dessen Sitz ich wartete, räumte schneller als erwartet seinen Platz, das heißt, der Tod räumte ihn überraschend weg. Diese unvorhergesehene Wendung machte auch den Rest meiner Pläne zunichte. Ich hatte in meinen lichten Momenten immer noch daran geglaubt, daß alles klappen könnte. Denn es gab im ganzen Haus keinen Nachfolger außer mir, und man hatte auch draußen noch nicht gesucht. Ich hatte mir gedacht, daß einige Monate vor der Pensionierung des Vorstands Verwaltung der Aufsichtsrat mit mir sprechen und die Möglichkeiten einer Übernahme des Postens erörtern würde. Auf diesen Moment wartete ich. Von da an wäre ich wieder der Alte, würde wieder wie früher all meine Aktivitäten, meine Dynamik, Kreativität, Durchsetzungskraft und Stärke ausspielen – kurz: Ich würde durchstarten und heraus aus meiner Wartestellung den Gipfel erstürmen. Das glaubte ich jedenfalls.

Aber dann kam überraschend der Tod dazwischen und das verjüngte, neue Vorstandskollegium traf einen raschen, einstimmigen Beschluß gegen mich und für einen externen Wirtschaftsprüfer, den man nun hereinnahm. Sie mußten es irgendwie gewußt haben, besser als ich selbst, daß mir in der langen Wartezeit die Zähne ausgefallen waren, daß ich innerlich kraftlos war und nicht mehr bereit zu kämpfen. Sonst hätten sie es nie gewagt, mich so offen zu brüskieren. Es mag auch sein, daß sie aus diesem Wissen heraus den Mut nahmen, mich durch zusätzliche Kompetenzen meiner drei Stellvertreter zu entmachten.

Nach diesen Beschlüssen, denen innerlich etwas in mir zustimmte, sprach nicht der Aufsichtsrat mit mir, sondern der Personalchef. Er erklärte mir die Dankbarkeit und Hochachtung des nunmehr komplett erneuerten Vorstandes, der meine langjährigen Leistungen und Verdienste um die Firma hoch zu schätzen wisse. Durch die nun in Kraft tretenden Änderungen der Gesamtstruktur würde auch meine bisherige zentrale Funktion entfallen. Die drei Hauptbereiche seien ja schon an meine drei verdienten Stellvertreter delegiert worden. Mich habe man vorgeschlagen für den Posten des Planungsleiters Zukunftsprojekte, eine neu zu schaffende Position, die zunächst nur aus mir und meiner Sekretärin bestehe, die später aber ausgebaut werden solle. Meine Bezüge gleiche man entsprechend an, und ich sei dem Planungschef Müller unterstellt. Ob ich diesen Posten annehmen wolle? – »Ja, ich nehme ihn an.« – Ich war ungeheuer erleichtert, daß sich der Wiedereintritt in die Etage der mittleren Angestellten aus so hoher Umlaufbahn so reibungslos vollziehen sollte. Ich war müde, aber glücklich, endlich wieder eine kleine Aufgabe zu haben, ruhig arbeiten zu können und heraus zu sein aus der großen Anspannung des Höhenflugs.

Der Personalchef verfaßte nach diesem Gespräch eine Notiz zu den Akten, von der ich durch meine treue Sekretärin eine Kopie erhielt. Sie hatte sie sich wohl illegal irgendwie beschafft.

Da hieß es: ». . . er ist sicher ein guter Mann, aber es fragt sich, ob er in seiner vorherigen Position nicht doch an der höchsten Stelle angekommen war oder vielleicht schon überfordert war. Er zwinkert stark mit den Augen und wirkt außerordentlich nervös und unsicher. Ich möchte ihn nach dem Gespräch nicht weiterempfehlen für eine Position im Management. Auf mittlerer Ebene mag er sich bewähren . . .«

Sie weinte, als sie mir die Fotokopie gab und versprach mir, immer für mich arbeiten zu wollen. Ich dankte ihr und bot ihr einen Cognac an, den sie auch nahm . . .

Der Umfaller

Seit über acht Jahren bin ich bei meiner jetzigen Firma tätig. Nach der Volksschule und einer mit Auszeichnung bestandenen Lehre als Industriekaufmann begann ich im Rechnungswesen als Kontokorrentführer. Ich hatte einen wesentlichen Vorsprung vor den anderen Jungkaufleuten: Denn damals unterstand die gesamte Lehrlingsausbildung dem kurz nach meinem Lehrabschluß zum Direktor ernannten Dr. Hubermeier. Für ihn war es damals eine große Auszeichnung, daß einer der von ihm ausgebildeten Lehrlinge als einziger im ganzen Kammerbereich mit der Note 1 bestand. Seit dieser Zeit war er mein Gönner und förderte mich. So auch, als vor sechs Jahren die Geschäftsleitung beschloß, das Rechnungswesen auf EDV umzustellen. Da war es Direktor Hubermeier, der mich für eine Umschulung zum Programmierer und Systemanalytiker auf Firmenkosten und während der Dienstzeiten (bei gleichbleibendem Gehalt) vorschlug. Das war so das erste deutliche Zeichen seiner Gunst. Er ließ mich damals in sein Büro kommen – ich hatte immer ein bißchen Angst vor dem großen Zwei-Meter-Mann mit den riesigen Händen, dem struppigen Schnauzbart und der tiefen Baß-Stimme. –

»Ja, bitte, Herr Direktor Hubermeier, Sie hatten mich rufen lassen«, sagte ich mit leiser Stimme, nachdem er auf mein Anklopfen mit einem donnernden »Herein!« geantwortet hatte.

»Blume, wie sind Sie mit Ihrer jetzigen Position zufrieden?« fragte er mich und sah mich dabei direkt an. Großer Gott, dachte ich, was habe ich falsch gemacht? Was kann diese Frage anderes bedeuten als die Einleitung zu irgendeiner schrecklichen Eröffnung?

»Ich, ich bin sehr zufrieden mit dieser doch recht verantwortungsvollen Stellung, die ich ja Ihnen zu verdanken habe«, antwortete ich zögernd.

»Zufrieden hin, zufrieden her, wollen Sie etwa nicht weiterkommen?«

»Doch, doch, natürlich Herr Direktor Hubermeier, sicher will ich weiterkommen. Insbesondere durch Leistung, wie Sie das damals so anschaulich in Ihren Vorträgen verdeutlicht haben.«

»Geschwätz, Blume! Reden wir nicht um die Sache herum! Ich biete Ihnen hiermit eine neue Position an, die für Sie der Aufstieg bedeutet. Nehmen Sie diese Position an?«

»Ja, aber selbstverständlich nehme ich diese Position an«, sagte ich erleichtert, weil ich viel Schlimmeres erwartet hatte. »Darf ich fragen, an welche Position Herr Direktor Hubermeier gedacht hat?«

»Ja, Sie dürfen! Ich werde Sie zum Programmierer und Systemanalytiker auf Kosten des Hauses ausbilden lassen. Wir werden hier eine EDV installieren lassen und brauchen so tüchtige Leute wie Sie, Blume. Morgen lasse ich Ihnen den neuen Vertrag zugehen und alle Einzelheiten. Handschlag!«

Mit vielen Danksagungen und Verbeugungen verließ ich das Büro des Direktors und war sehr glücklich.

Am nächsten Tag erhielt ich die neuen Instruktionen und Anweisungen, auf welche Schule ich zu gehen hatte, wann, wie lange, welche Kurse, daß ich für diese Zeit vom Dienst befreit sei bei Weiterlaufen der bisherigen Bezüge und daß mein bisheriger Vertrag hiermit gekündigt sei und folgender neuer Vertrag gelte. Dann folgte der Text eines Anstellungsvertrages, der im wesentlichen dem meines alten Vertrages entsprach, lediglich die Kündigungsfrist hatte sich geändert. Anstelle von »sechs Wochen zum Quartal« stand da jetzt »sechs Monate zum Quartalsende«. Das war eine sehr lange Frist, so lange, daß ich doch Bedenken bekam. Was sollte ich denn machen, wenn mir die neue Position nicht liegen würde, oder wenn ich diese neuen Sachen mit Programmierung und Systemanalyse nicht verstände? Je länger ich darüber nachdachte, um so mehr Zweifel kamen auf, zumal ich ja meine erste Stelle als Kontokorrentführer aufgegeben hatte. Nachdem ich zwei Nächte über die Sache gegrübelt hatte, beschloß ich, gegen die neue Kündigungsfrist anzugehen. Ich bat um einen Besprechungstermin in einer persönlichen Sache bei Herrn Direktor Hubermeier. Als ich nach zwei Tagen Wartezeit zu ihm kommen durfte, war ich meiner Sache dann doch nicht mehr so sicher. Denn vorher hatte ich immer sofort einen Termin erhalten. Sollten mir etwa die zwei Tage Wartezeit deutlich machen, daß Herr Direktor Hubermeier darüber verstimmt war, daß ich noch immer nicht den neuen Vertrag unterschrieben hatte? – Ich versuchte ihm vorsichtig und in wohlüberlegten Wendungen meine gewissen Bedenken gegen die neue, lange Kündigungsfrist darzulegen. Er unterbrach mich aber gleich nach den ersten Sätzen:

»Was soll das ganze Gerede, Blume? Wollen Sie, oder wollen Sie nicht?«

»Ja, natürlich will ich, bitte verstehen Sie mich nicht falsch, ich möchte nur meine grund ...« Hier hörte er schon gar nicht mehr zu, sondern telefonierte mit der Personalabteilung, man solle ihm sofort den neuen Vertrag Blume bringen.

Bis der Vertrag kam, schaute er mich schweigend an, ohne etwas zu sagen. Ich wagte auch nicht mehr, nur ein Wort zu sagen. Als dann der Vertrag da war, schob er mir die letzte Seite für die Unterschriften hin und gab mir einen Füller in die Hand. Ich unterschrieb.

»Ich wußte doch, daß Sie mein Vertrauen rechtfertigen, Blume. Nur keine Angst, Sie werden das doch spielend schaffen. Ich verlasse mich auf Sie.«

Dann rief er den Personaldirektor zum Gegenzeichnen. Als der da war, sagte er ihm, daß ich gewisse Bedenken wegen der langen Kündigungsfrist hätte. Als der Personaldirektor verständnislos den Kopf schüttelte, erklärte Direktor Hubermeier mir, daß er mich jederzeit nach der Umstellungsphase aus dem Vertrag entlassen würde, wenn ich dann noch wolle oder der Meinung sei, daß ich woanders bessere Chancen hätte.

»Sie überschauen das alles nur noch nicht so recht in seinen Konsequenzen. Sie werden später eher um eine weitere Verlängerung der Kündigungsfrist bitten als um eine Verkürzung, wenn Sie erst einmal so richtig drin sind.«

Das geschah damals unter Zeugen. Aber wie sollte ich heute von dem damaligen Personaldirektor verlangen, gegen seinen Chef auszusagen, von dem er abhängig ist?

Die Kurse in Programmierung und Systemanalyse bestand ich glänzend, und nach etwa einem Jahr war ich voll einsatzfähig für die Arbeiten der Umstellung des Rechnungswesens auf Elektronische Datenverarbeitung. Innerhalb von drei Jahren leistete ich gute Arbeit und brachte es über weitere Kurse zu einem umfangreichen Fachwissen im Datenverarbeitungsbereich. Man war sehr zufrieden mit meiner Arbeit und lobte mich zweimal. Jedes Jahr erhielt ich eine beachtliche Gehaltserhöhung, von Direktor Hubermeier unterschrieben.

Nach der Umstellungsphase bot man mir dann einen außertariflichen Vertrag als Gruppenleiter der Programmierung an, in dem die Kündigungsdauer auf jeweils zwölf Monate zum Monatsende erweitert war. Ohne diese Kündigungsfrist zu akzeptieren, hätte ich diesen Vertrag nicht erhalten. Außerdem war ich stolz auf die Beförderung zum Gruppenleiter, und insgeheim fürchtete ich eine weitere Unterredung mit Direktor Hubermeier. Ich dachte mir, zu meiner Beruhigung, daß ich ja auf das Wort von ihm, damals, in Gegenwart des Personaldirektors vertrauen könne.

Die neue Position als Gruppenleiter stellte sich bald als recht unbefriedigend heraus. Da die EDV völlig eingerichtet war, hatte ich nur noch die Aufgabe, die Programme zu warten und gelegentlich notwendige Änderungen durchzuführen. Damit war ich nicht zufrieden, und darüber war ich auch fachlich längst weit hinaus. So begann ich über Veränderungen nachzudenken. Als ich die Chance erhielt, bei einem mittleren Unternehmen der Dienstleistungsbranche Leiter des Rechenzentrums zu werden, kündigte ich am 2. 2. und bat auf Grund der mündlichen Zusagen von damals um eine vorzeitige Entlassung zum 30. 9. Ich muß zugeben, daß ich etwa zehn Entwürfe dieses Briefes an Herrn Direktor Hubermeier geschrieben hatte, bevor ich mich zu einer Form entschließen konnte:

»Betrifft: Kündigung

Sehr verehrter Herr Direktor Dr. Hubermeier,

heute muß ich mit einer mir unangenehmen Sache an Sie herantreten, die Sie wahrscheinlich verwundern wird. Ich möchte die Firma Schmitt & Schmitt AG verlassen. Ich habe in den letzten Jahren meine ganze Kraft in den Dienst der Firma Schmitt & Schmitt AG gestellt und die EDV auf einen Stand gebracht, der von Außenstehenden immer wieder mit Bewunderung begutachtet wird.

Ich glaube, daß auch Sie, verehrter Herr Direktor, meine Leistungen anerkennen werden. Als persönliche Anerkennung erbitte ich dafür, vorzeitig aus meinem Vertrag zum 30. 9. entbunden zu werden.

Ich weiß, daß Sie diese Bitte abschlagen können.

Sie werden aber wissen, daß wohl keine Firma bis zum Ablauf meiner langen Kündigungsfrist auf mich warten wird.

Ich glaube und hoffe, daß Sie einem vorwärts strebenden jungen Mann die Zukunft nicht verbauen werden, da auch Sie der Meinung sind, daß ein Mensch bestimmten Zielen nachgehen und nicht in erster Linie nach dem Gehalt sehen soll.

Ich werde bei Ihnen alle angefangenen Arbeiten und die noch laufenden Projekte soweit zu Ende bringen, daß alles weiterhin reibungslos ablaufen kann. Ich schlage vor, jetzt die Gelegenheit wahrzunehmen, die gesamten Kompetenzen des Rechenzentrums und der Programmierung in eine Hand zu legen und dafür einen befähigten neuen Mann zu suchen.

Ich bin gern bereit, auch nach meinem Ausscheiden Hilfestellung zu leisten, falls es in der ersten Zeit doch noch einmal zu Schwierigkeiten kommen sollte. Die Übergabe der Programmierung an einen neuen Herrn könnte Anfang September erfolgen.

Ich möchte es nicht versäumen, mich bei Ihnen für das mir bisher entgegengebrachte große Vertrauen zu bedanken. Sie haben es mir ermöglicht, in den vergangenen Jahren durch die umfangreichen und interessanten Aufgaben sehr viel zu lernen und Erfahrungen zu sammeln. Dafür bin ich Ihnen sehr verbunden.

Ich bitte Sie, meiner Kündigung zum 30. September zuzustimmen und die Annahme kurz zu bestätigen.

In der Hoffnung, Sie nicht vergeblich gebeten zu haben, verbleibe ich mit

vorzüglicher Hochachtung Blume«

Ich hatte leichte Schweißperlen auf der Stirn, als ich diesen Brief im Sekretariat Direktor Hubermeiers persönlich abgab. Ich wollte ihm auf keinen Fall bei dieser Gelegenheit begegnen. Darum hatte ich genau die Mittagszeit abgepaßt, während der er zu Tisch war. Auch die Sekretärin war nicht an ihrem Platz. Ich legte den Brief auf ihren Tisch und verschwand wieder.

Ich konnte nicht konzentriert arbeiten, weil ich wie gebannt auf das Telefon starrte und auf einen Anruf von Direktor Hubermeier wartete. Nach einer Stunde Wartezeit kam der Anruf. Die Sekretärin war am Apparat. Ich sollte bitte sofort zu Herrn Direktor kommen.

Er saß entspannt hinter seinem Schreibtisch, rülpste und piekte sich mit einem Streichholz die Speisereste aus den Zähnen. Ich sah all diese Einzelheiten überdeutlich in meiner Angst, auch den geöffneten Kragenknopf und die gelockerte Krawatte. Er schaute mich wieder in seiner provozierenden Art wortlos an und krempelte dabei langsam seine Hemdsärmel hoch. Ich kann das überhaupt nicht vertragen, dieses wortlose Starren, das ist nicht nur unhöflich, sondern verwirrt auch so. Nach einer Weile, als er sich seine Hemdsärmel hochgekrempelt hatte, stand er wortlos auf und kam um den Schreibtisch herum. Er kam mir ganz nahe und beugte sich zu mir herunter. Ich dachte, jetzt wirst du ohnmächtig, dann schoß es mir blitzartig durch den Kopf, er wird dich jetzt schlagen. Ich weiß nicht, wie ich diese Sekunden durchgestanden habe. Ich war wie versteinert.

Als er endlich seinen großen, fleischigen Mund öffnete, sagte er:

»Sie sind ein Arschloch, Blume!«

Dann öffnete er seine rechte Faust, in der er zerknäult meine Kündigung hielt, und stopfte mir den Papierfetzen in die Reverstasche.

»Sie sind vielleicht ein Spinner! Glauben Sie im Ernst, daß ich Sie jetzt hier gehen lasse, nachdem ich soviel in Sie investiert habe? Jetzt, wo wir gerade die Umstellungsphase hinter uns haben und Sie genau wissen, daß wir so schnell keinen Ersatz für Sie finden.«

Dann schwieg er wieder eine Weile und ging mit tief in den Hosentaschen vergrabenen Händen im Zimmer auf und ab.

»Sie Kleinhirn dachten wohl, Sie könnten mich betrügen um all meine Mühen und Anstrengungen, die ich mir mit Ihnen gemacht habe?« Das murmelte er noch, aber plötzlich schrie er:

»Wer glauben Sie eigentlich, wer Sie sind? Sie sind ein Dreck, ein Nichts, wenn ich Sie fallen lasse!« – Dabei war er mir wieder sehr nahe gekommen. Er nahm mich am Revers.

»Ich will Ihnen noch eine Chance geben. Sie verzichten jetzt sofort auf diese idiotische Kündigung und überlegen sich bis nach den Betriebsferien, was Sie eigentlich wollen, dann erscheinen Sie wieder hier. Einverstanden?!«

Ich konnte nur ein ganz schwaches Ja murmeln und lief ganz schnell aus dem Büro.

Da ich jetzt nicht zum September aus meinem Vertrag herauskonnte und die andere Firma nicht länger warten wollte, habe ich am nächsten Tag eine Erklärung unterschrieben, daß ich meine Kündigung zurücknehmen und bleiben wolle.

Am 30. 6. erhielt ich nach Monaten wieder die erste Anerkennung von Herrn Direktor Hubermeier, und zwar kurz vor den Betriebsferien. Ich erhielt eine Vertragsänderung, nach der es mir wieder möglich wurde, meine zahlreichen Überstunden abzurechnen.

Ich schöpfte wieder Mut, der schreckliche Eindruck der letzten Unterhaltung mit Direktor Hubermeier verblaßte auch langsam, und ich wußte, daß er kurz vor den allgemeinen Betriebsferien für sechs Wochen in Urlaub fahren wollte. Diese Chance wollte ich nutzen. Als er weggefahren war, übergab ich dem Personaldirektor meine erneuerte Kündigung. Ich hatte inzwischen wieder eine Möglichkeit, zum September als Leiter des Rechenzentrums bei einer kleineren Firma anzufangen.

»Betrifft: Kündigung

Sehr geehrter Herr Dr. Landmann,

ich schreibe heute Ihnen, da Herr Direktor Dr. Hubermeier in Urlaub ist. Ich nehme dabei Bezug auf das mit Herrn Direktor Hubermeier geführte Gespräch (siehe beiliegende Aktennotiz). Ich habe damals auf meine Kündigung verzichtet, mir aber gegenüber Herrn Direktor Hubermeier Bedenkzeit bis zu den Betriebsferien erbeten.

Heute habe ich meine Entscheidung getroffen.

Ich möchte meine Kündigung zum 1. September aufrechterhalten.

Ich kann Ihnen versichern, daß mir dieser Entschluß nicht leicht gefallen ist, zumal ich meinen beruflichen Werdegang in den letzten sieben Jahren dem Hause Schmitt & Schmitt AG und besonders Herrn Direktor Hubermeier verdanke.

Um aber für meine Person den Berufsweg innerhalb der EDV für die Zukunft aufzubauen, muß ich die mir angebotene Position bekleiden, die ich in Ihrem Hause nicht erhalten kann. Es handelt sich um die Stelle eines Leiters des Rechenzentrums in einem gut überschaubaren und nicht zu großen Betrieb.

Wenn ich den Schritt nicht durchführe, laufe ich sehr schnell Gefahr, immer mehr in die Position eines Fachspezialisten zu rutschen. Je länger aber eine reine Fachposition bekleidet wird, desto schwieriger ist eine spätere Umstellung auf Führungsaufgaben.

Ich hoffe, da die Firma Schmitt & Schmitt AG durch meine Tätigkeit im EDV-Bereich weit vorangekommen ist, daß man nun auch Verständnis für mein persönliches Fortkommen zeigt. Durch die mir hier übertragenen Aufgaben habe ich sehr viel lernen können. Dafür danke ich Ihnen sehr. Bitte bestätigen Sie mir diese Kündigung noch vor den Betriebsferien.

Hochachtungsvoll Blume«

Diesmal war ich nicht so ängstlich, weil Direktor Hubermeier ja in Urlaub war. Aber es kam wieder ganz anders als erwartet. Dr. Landmann empfing mich sehr freundlich.

»Lieber Herr Blume, Sie verweisen hier auf ein Gespräch mit Herrn Dr. Hubermeier. Der Herr Direktor hat mich von diesem Gespräch auch informiert. Aber von der hier bei Ihnen erwähnten Verkürzung der Kündigungsfrist auf den 1. 9. hat er nichts gesagt. Wollen Sie, daß ich ihm vielleicht in den Urlaub schreibe, daß Sie hier während seiner Abwesenheit etwas anderes behaupten als das, was er mir persönlich gesagt hat?

Was glauben Sie, wird er mit Ihnen machen, wenn ich ihm hier diesen Brief von Ihnen vorlege, der doch in der klaren Absicht geschrieben wurde, die erklärten Wünsche des Herrn Dr. Hubermeier zu umgehen und seine Abwesenheit arglistig auszunutzen?«

Er sprach das alles sehr leise, fast mit singender Stimme. Aber er überzeugte mich so, daß ich ihn bat, die Kündigung als nicht geschrieben zu betrachten und mir zurückzugeben. Er zögerte eine Sekunde, in der ich den Atem anhielt, dann sagte er: »Gut, hier haben Sie Ihren Brief, aber tun Sie es nie wieder.«

Nach den Betriebsferien wurde ich zu dem verabredeten Gespräch zu Direktor Hubermeier gebeten. Ich war sehr erleichtert, als er mich in guter Stimmung empfing.

»Na Blume, ich nehme an, Sie haben sich die Sache gut überlegt. Ich bin sicher, so einen Kurzschluß wie damals werden Sie so bald nicht mehr haben, wenn ich Ihnen hiermit verbindlich sage, daß Sie zum nächsten Ersten zum Handlungsbevollmächtigten des Rechenzentrumbereiches mit Schwerpunkt Programmierung ernannt werden.«

»Oh Gott, wie habe ich das nur verdient«, stammelte ich ganz überrascht.

»Schon gut, schon gut«, sagte er, »ich habe eben ein Faible für Sie. Morgen werden Sie alles schriftlich haben. Dann feiern Sie mal ordentlich und vergessen die alten Geschichten.« Am folgenden Tag war wie angekündigt ein Brief da:

»Sehr geehrter Herr Blume,
wir teilen Ihnen hierdurch mit, daß Sie vom 1. 9. an zum Handlungsbevollmächtigten des Rechenzentrumbereiches mit Schwerpunkt Programmierung ernannt sind.

Sie haben in der Vergangenheit Ihre Tatkraft und Tüchtigkeit unter Beweis gestellt. Sie werden nunmehr in erweiterter Verantwortung uns ebenso zufriedenstellen.

Geben Sie uns Gelegenheit, Sie weiterhin als tüchtigen, intelligenten und willigen Mitarbeiter kennenzulernen, der gern bei uns arbeitet und dessen menschliche Eigenschaften und Charakterstärke wir schätzen.

Wir beglückwünschen Sie zu dieser Beförderung.

Mit freundlichen Grüßen. Schmitt & Schmitt, i. A. Hubermeier

Als ich dieses Schreiben in Händen hielt, abends zu Hause, klingelte das Telefon. Der Personalchef der Firma Meier & Meier war dran.

»Guten Abend Herr Blume, ich wollte mich nur noch einmal vergewissern, daß Sie auch wirklich am 1. 10. bei uns anfangen, als Leiter des Rechenzentrums.«

»Nein, leider kann ich nun doch nicht, ich . . .«

»Aber ich bitte Sie, das können Sie doch nicht machen, jetzt, wo wir alles darauf eingerichtet haben und Sie uns ja doch eine verbindliche Zusage gemacht haben.«

»Nein, nein, ich kann nicht, ich habe Ihnen auch keine . . .«

»Aber sicher haben Sie . . .«

Da hängte ich auf.

Der Unternehmer

Seine Frau empfing ihn mit verheultem Gesicht, als er mittags nach Hause kam. Sie gab ihm gleich den eingeschriebenen Brief, die fristlose Kündigung der Druckerei Mauermann KG und im gleichen Umschlag die Ankündigung, daß man Klage gegen ihn beim Arbeitsgericht eingereicht habe, wegen Vertragsbruch, verbotener Wettbewerbstätigkeit, Abwerbung, Schädigung, Streitwert 20 000 DM. Er las sich das alles schweigend durch, mit verächtlich herabgezogenen Mundwinkeln. Dann klopfte er seiner ängstlichen Frau beruhigend auf die Schulter und sagte ihr, daß sie keinen Grund habe, sich zu fürchten. Er hatte an diesem Morgen mit seinem Kompagnon die Verträge klargemacht. In sechs Wochen würde es losgehen, als Mitinhaber und Gründer des Grafischen Betriebes Fritz und Werner KG werde er allen diesen kleinkarierten Gegnern seiner Idee einmal vorführen, was modernes Druckereimanagement bedeute.

Er hatte nach Lehre, Gesellenzeit und Meisterbrief als erstklassiger Offsetdrucker vor vier Jahren begonnen, in der mittelgroßen Druckerei Mauermann KG als Betriebsleiter zu arbeiten. Für Mauermann war er der mit modernen Methoden vertraute Fachmann, der in die stark veraltete, seit Generationen in Familienbesitz befindliche Druckerei, hinten im Spessart, die Neuzeit brachte. Er stellte innerhalb von zwei Jahren auf modernen Offsetdruck um und konnte durch die nun zu erzielende Qualität des Vierfarbdrucks eine Reihe großer Katalogaufträge hereinholen. Nach Jahren der Stagnation ging es plötzlich stark aufwärts mit Mauermann KG. Eine Erweiterung des alten Druckereigebäudes wurde erforderlich, neues Personal wurde beschafft, die umliegenden Grundstücke für künftige Erweiterungen dazugekauft. Man prosperierte. Der seit Jahrzehnten starre Rahmen einer langen Tradition wurde gesprengt.

Motor und Kopf des ganzen Betriebes war Claus Fritz geworden. Mit dem alten Mauermann hatte er ein erstklassiges

Verhältnis. Mit ihm besuchte er die alten Kunden und wurde dort stolz als der neue Betriebsleiter präsentiert. Das machte sich gut für's Geschäft, weil auch bei den alten Kunden inzwischen junge Leute als Werbeleiter und Verkaufsleiter saßen, und mit denen konnte der neue Betriebsleiter viel besser verhandeln als der alte Mauermann. Zu den neuen, großen Katalogkunden ging Fritz erst mehrere Male allein, bis der Auftrag unter Dach und Fach war. Dann nahm er den Alten mit, aus Repräsentationsgründen.

»Na, wieder einen dicken Fisch an Land gezogen?« fragte sie Mauermann Junior von seinem Reitpferd herab, wenn er sie zufällig bei ihrer Rückkehr von einer Geschäftsreise im Hof der Inhaber-Villa traf.

Der Alte war bei solchen Anlässen glücklich und lud Sohn und Betriebsleiter zu einem Drink. Dann faselte der Sohn von seinen Plänen, ein Gestüt aufzuziehen, und welche Erfolge er wieder bei welchem Springreiten erzielt hatte, wie er welchen Lokal-Champion mit wieviel Punkten deklassiert hatte und so weiter. Für die Druckerei und den ganzen Farbschmierkram hatte er nichts übrig. Nur eines war ihm in zunehmendem Maße wichtig: Daß er als einziger Sohn der kommende Inhaber ist. Und wenn der Alte gerade nicht hinhörte, murmelte er: »Dann werden Sie unter meine Knute kommen, Fritz.« – Sie mochten sich beide nicht, besonders, seit klar wurde, daß Claus Fritz sich mit der Position eines Betriebsleiters auf die Dauer nicht zufrieden geben würde. Er wollte eine Beteiligung am Unternehmen, das er durch seine Ideen und Vorschläge zu neuer Blüte gebracht hatte.

Das gemischte Verhältnis zur Inhaberfamilie setzte sich für Fritz im Betrieb fort. Hier war er als erstklassiger Fachmann in der Druckerei unbestritten der Boß. In der Kalkulation und Abrechnung war seine große Stütze und sein enger Verbündeter Karl Werner, ebenfalls ein neuer Mann, der auf seine Empfehlung aus einer Großdruckerei geholt worden war und der nun die Verantwortung für die komplizierte und risikoreiche Vierfarbkalkulation hatte.

Anders war die Einstellung einer Reihe von Hilfskräften und

Lagerarbeitern. Hinter die hatte sich Mauermann Junior geklemmt, mit ihnen leerte er manchen Kasten Bier und drückte dem einen oder anderen auch mal einen Zehnmarkschein in die Hand. Hier war er unter Kumpels, die seinen Reichtum und seine Pferde zu bewundern schienen und die ihm keine drucktechnischen Fragen stellen. Hier wetterte er gegen den ganzen neuen Quatsch und seinen verkalkten Alten, den dieser hergelaufene Farbschmierer völlig in die Tasche gesteckt habe. Aber, das wird sich ändern, drohte er, verbittert darüber, daß das ganze schöne Geld in Druckmaschinen und nicht in Pferde gesteckt worden war.

Diese Reden und Drohungen wurden Fritz weitererzählt, und auch Karl Werner, von dem man wußte, daß er mit Fritz eng befreundet war. Beide saßen oft abends noch zusammen, mit ihren Frauen, in einem der neuen, werkseigenen Häuser, und sprachen über ihre Erfahrungen. Diese abendlichen Gespräche waren die Keimzelle für die Idee, einen eigenen Laden aufzumachen. Dazu müßte man einmal testen, ob man die Kunden von Mauermann KG, insbesondere den einen großen Katalogkunden, mitnehmen könnte. Er würde sich an uns gewöhnen, meinte Werner. Sie beschlossen, künftig immer zusammen zu diesem Kunden zu gehen, damit ein Vertrauensverhältnis entstehe und man sich so aneinander gewöhne; daß es dann gleichgültig sei, auf welchen Maschinen die Kataloge gedruckt würden, Hauptsache, Werner würde sie kalkulieren und Fritz den Druck überwachen. Dieses Vertrauensverhältnis festigte sich rasch. Fritz und Werner gingen zusammen mit dem Werbeleiter und dem Katalogchef – jungen Leuten wie sie – essen, und man traf sich auch abends zu einem Bier. Das gegenseitige Verständnis gedieh so weit, daß eines Abends der Werbeleiter Fritz fragte, ob er sich nicht mit Werner zusammen selbständig machen wolle. Dann könne man doch sicher viel billiger und individueller zusammenarbeiten. Wenn sie den Exklusiv-Vertrag für den Katalog hätten, dann könnten sie nicht nur gut davon leben, sondern auch gut verdienen, und für ihn, den Werbeleiter, wäre es von Vorteil, weil er seiner Zentrale eine deutliche Druckkostensenkung präsentieren könne. Damit begann die Pionierphase der Firma Fritz und Werner. Sie kalkulierten, wieviel Geld erforderlich ist und was sie davon als Eigenkapital haben, wann sie starten wollen – rechtzeitig für den neuen Katalog –, wo sie Betriebsräume anmieten wollen und so weiter. Sie sahen den Betrieb Mauermann KG plötzlich mit ganz anderen Augen, interessierten sich für alles, vom Papiereinkauf über die sonstigen Bezugsquellen bis zur Kundenkartei und zur Zahlungsmoral der einzelnen Auftraggeber.

Die Kalkulation sah recht gut aus: Sie würden auf der Basis der Mauermannschen Preise, die Werner im Detail kannte, an den Versandkonzern vierzig Prozent billiger anbieten können. Das Papier für den ersten Druckauftrag würden sie über Bankkredit vorfinanzieren, die Druckvorlagen würden vom Kunden fix und fertig geliefert, als Druckerei käme der ehemalige Arbeitgeber von Werner in Frage, der hochbeglückt sein würde, wenn er den Katalog als Subunternehmer billig drucken dürfte. Für die Firmengründung, die Rechtsanwaltkosten und die Büroeinrichtung reichten die Ersparnisse ebenfalls. Sie würden auch für die Zeit bis zur ersten Zahlung durch den Versandhauskonzern zur Deckung der Lebenshaltungskosten reichen.

Als der Konzern über seinen Werbeleiter wissen ließ, daß er den nächsten Katalog auf der um vierzig Prozent ermäßigten Basis sofort an die neue Firma geben würde, kam es zum Schwur. Fritz und Werner und die beiden Ehefrauen unterschrieben eine gemeinsame Willenserklärung, nach der sie alle ihre Ersparnisse als Betriebskapital einbringen und zusammen die neue Firma gründen wollten. Der Rechtsanwalt wurde beauftragt, die Firmengründung einzuleiten. Fritz und Werner kündigten am gleichen Tag fristgerecht mit sechs Wochen zum Quartal.

Der alte Mauermann weinte fast, so hart traf ihn dieser Schlag. Es war besonders für Fritz, den Initiator der ganzen Sache eine peinliche Situation, denn im Grunde mochte er den Alten. Er war darum ganz froh, als der junge Mauermann dazukam, sie schroff anfuhr und an ihre Arbeitsplätze schickte.

Er wisse, was gespielt werde, er habe die ganze Sache durchschaut und jetzt sollten sie ihn mal kennenlernen.

Zwei Stunden später wurden Fritz und Werner mit sofortiger Wirkung beurlaubt, mit der Auflage, sich in der Zeit bis zu ihrem endgültigen Ausscheiden weder in einem anderen Betrieb noch selbständig zu betätigen.

Na toll, meinte Fritz, geschenkte sechs Wochen, in denen wir in Ruhe alles vorbereiten können. Nach einer Woche kam dann die fristlose Kündigung und die Klageerhebung beim Arbeitsgericht. Aber das schreckte den mutigen Unternehmer nicht. Er beauftragte seinen Rechtsanwalt ebenfalls, Klage zu erheben und zu beantragen, daß Mauermann ihm den vollen Lohn für die sechs Wochen zu zahlen habe und daß man ihm solange auch noch kostenlos das werkseigene Haus überlassen müsse.

In der ersten Verhandlung trug er vor, es treffe nicht zu, daß er selbständige Geschäfte getätigt habe, er habe für private Zwecke Gerätschaften gekauft. Er habe auch nicht mit anderen Angestellten des Klägers Vereinbarungen getroffen, bei ihm zu arbeiten. Der Vorwurf, er sei während seiner Beurlaubung nicht erreichbar gewesen und habe so die Arbeit verweigert, sei lächerlich. Bei ernsthaftem Kontaktwillen hätte man ihn nachmittags mit Sicherheit erreichen können. Seine Wohnung sei nur zehn Gehminuten vom Betrieb entfernt, man hätte ihn aufsuchen oder anschreiben können. Er sei nicht anderweitig tätig gewesen. Seine Dispositionen für die Errichtung des eigenen Betriebes habe er so getroffen, daß er nach Beendigung des Arbeitsverhältnisses hätte beginnen können. Mit dem von dem Kläger behaupteten heillosen Durcheinander nach seinem Ausscheiden habe er nichts zu tun. Daß ein Schaden von 20 000 Mark entstanden sei, weil sich der Katalogkunde für eine andere Druckerei entschieden habe, könne er sich nicht vorstellen. Das sei das unternehmerische Risiko von Mauermann.

Dann kam die Gegenseite zu Wort. Der junge Mauermann, unterstützt durch einen Fachanwalt, trug vor, der Beklagte sei der Aufforderung, sich während der Kündigungszeit weder in einem anderen Betrieb noch selbständig zu betätigen, nicht nachgekommen. Mehrere Telefonanrufe hätten ergeben, daß er ihnen nicht zur Verfügung gestanden habe. Während der Zeit der Beurlaubung habe er in seinem eigenen Betrieb gearbeitet. Noch während seiner Tätigkeit für sie habe er entgegen ihren Anweisungen einzelne Farben aussortiert. Im Papierlager sowie im Betrieb sei nach dem Ausscheiden des Beklagten ein heilloses Durcheinander entstanden. Er habe versucht, einen ihrer Angestellten zu überreden, bei ihm zum gleichen Lohn anzufangen. Er habe mit dem Großkunden, dem Versandhaus, bereits Verhandlungen über den nächsten Katalogauftrag geführt. Dadurch würde ihm, dem Kläger, ein Schaden von voraussichtlich 20 000 Mark entstehen. Zu diesen Beschuldigungen hatte der junge Mauermann einige Zeugen parat.

Das Arbeitsgericht erhob Beweis durch Vernehmung der Zeugen und verkündete dann sein Urteil: »Die Firma Mauermann ist berechtigt gewesen, gegen den Kläger eine Verdachtskündigung auszusprechen und darum auch berechtigt, seine Bezüge und die Nutzung des Firmenhauses zu streichen. Die mögliche Schadenssumme von 20 000 Mark kann nicht berücksichtigt werden, da sie noch nicht detailliert nachgewiesen worden ist. Die Anträge des Beklagten auf Gehaltszahlung und weitere Nutzung des Hauses werden abgewiesen.«

Mauermann Junior hatte seinen Triumph. Er verspottete den verbitterten Fritz und kündigte ihm an, daß er in die Berufung gehen werde, um ihm auch noch die 20 000 Mark aufzubrummen.

Am Abend besprach Fritz mit seinem Kompagnon Werner die Lage. Man einigte sich darauf, daß Werner den Katalog-Auftrag bearbeiten solle, der sich gerade in der letzten Kalkulationsphase befand und daß er auch die Verhandlungen mit seinem ehemaligen Arbeitgeber, der momentan schlecht ausgelasteten Großdruckerei wegen des Katalogdrucks führen solle. Bei Fachfragen komme er dann dazu. Er, Fritz, habe so beide Hände frei, um sich dem Prozeß zu widmen. Einmal, weil es hier um die finanziellen Grundlagen des jungen Unternehmens gehe, zum anderen, weil es sein Prozeß war und er eine Revanche brauche. Der Spott des jungen Mauermann hatte ihn getroffen.

In den folgenden Wochen sah er seinen Kompagnon kaum. Er wußte, der Auftrag ist in guten Händen. Er saß Tag und Nacht über den Prozeßakten, konferierte mit seinem Rechtsanwalt und traf sich mit ehemaligen Mitarbeitern aus der Mauermannschen Druckerei. Er mußte einen zusätzlichen Kredit aufnehmen, um die erheblichen Kosten vorzuschießen. Aber er wußte, daß er gegen Mauermann gewinnen würde und dann alle Kosten zurückerstattet bekäme. Materiell gewinnen wollte er den Lohn von sechs Wochen, ca. 4000 DM, und die Bestätigung, daß seine Firmengründung Rechtens und damit frei von allen Nachfolgeforderungen von Mauermann sei.

Sein großer Augenblick kam. Am 17. 5., einem Dienstag, verkündete das Landesarbeitsgericht:

»Die an sich statthafte, form- und fristgerecht eingelegte Berufung des Beklagten ist begründet.

Materiell kann sich das Berufungsgericht der Auffassung der Firma Mauermann nicht anschließen, die außerordentliche Verdachtskündigung sei durch gröbliche Verstöße gegen arbeitsvertragliche Pflichten gerechtfertigt gewesen. Zunächst sieht die Firma eine schwere Vertragsverletzung darin, daß der Beklagte sich vierzehn Tage vor seiner Kündigung von einem der Mitarbeiter über drucktechnische Vorgänge unterrichten ließ. Darin kann ihr nicht beigepflichtet werden. Dem Beklagten als einem Arbeitnehmer war nur untersagt, nach Beendigung des Arbeitsverhältnisses solche Geschäfts- und Betriebsgeheimnisse zu verwerten, deren Kenntnis er durch eine gegen die Gesetze oder die guten Sitten verstoßende Handlung erlangt hat. Darüber hinaus konnte er die erworbenen Kenntnisse und Fähigkeiten zu seinem Fortkommen beliebig verwerten. Im vorliegenden Fall fehlt es jedoch bereits an den Erfordernissen eines Berufs- oder Geschäftsgeheimnisses. Zum anderen war der Beklagte zum Einholen derartiger Erkundigungen berechtigt, um sich über dieses Aufgabengebiet zu informieren, für das er als Betriebsleiter verantwortlich war.

Zum Vorwurf, der Beklagte habe versucht, den Zeugen Meier abzuwerben, indem er ihm anbot, mit demselben Lohn bei ihm einzutreten: Nach der glaubhaften Aussage des Zeugen Huber war das der

Grund für die fristlose Verdachtskündigung. Der Zeuge Meier hat nur bekundet, daß anläßlich des Gesprächs mit Fritz über die drucktechnischen Vorgänge der Beklagte ihm kein direktes Angebot gemacht, sondern auf seine Frage, ob es feststehe, wo er zukünftig hingehen werde, geantwortet habe: »Sie persönlich werden noch von mir hören.« Darin kann aber kein Abwerbungsversuch gesehen werden. Es fehlt an einem konkreten Vertragsangebot.

Nicht bewiesen werden konnte auch der im Kündigungsschreiben gemachte Vorwurf, Fritz habe bei verschiedenen Firmen selbständig Geschäfte getätigt. Dieser Vorwurf ist zu allgemein gehalten, um eine fristlose Verdachtskündigung zu rechtfertigen. Der Kläger hätte prüfen müssen, ob dieser Verdacht durch Tatsachen objektiv begründet ist.

Zur Arbeitsverweigerung: Der Kläger stützt seine fristlose Kündigung auch darauf, daß er versucht habe, den Beklagten fünfzehnmal telefonisch zu erreichen, und ihn nicht erreichte. Er sieht darin zu Unrecht eine Arbeitsverweigerung. Zwar setzt grundsätzlich eine beharrliche Arbeitsverweigerung nicht stets ein wiederholtes Verhalten oder eine wiederholte Aufforderung zum vertragsgemäßen Verhalten voraus. Es kann in bestimmten Fällen ein einmaliges Verhalten genügen. Eine Arbeitsverweigerung scheitert aber daran, daß der Beklagte nicht einmal eine Aufforderung zum Erscheinen erhalten hat. Der Kläger hätte ernsthaft versuchen müssen, den Beklagten zu erreichen, um ihn aufzufordern, im Betrieb zu erscheinen. Weiter stützt der Kläger die fristlose Kündigung darauf, daß ihm durch die Verhandlung des Beklagten mit dem Großversandhaus Meir & Meir ein Schaden von 20 000 DM entstehen könne. In der Aufnahme dieser Verhandlungen sieht sie eine schwere Vertragsverletzung. Zunächst fehlt für diesen Vorwurf der Vortrag über die Einzelheiten und die Begründung des Schadens. Es fehlen auch konkrete Angaben darüber, worin der Schaden besteht. Daher war eine Beweisaufnahme über die Schadenshöhe nicht möglich.

Das Vordergericht hat die Auffassung vertreten, im vorliegenden Fall sei eine Kündigung wegen des Verdachts der Verletzung der Pflichten aus dem Arbeitsvertrag gerechtfertigt gewesen. Dem kann nicht zugestimmt werden. Es ist zwar richtig, daß nach der ständigen Rechtsprechung des BAG auch der Verdacht einer schweren Verfehlung aus dem Arbeitsvertrag ein wichtiger Grund zur außerordentlichen Kündigung sein kann. Zu derartig schweren Vertragsverletzungen, die eine Verdachtskündigung rechtfertigen könnten, gehört aber nicht die Vorbereitung eines eigenen Betriebes, selbst wenn sie, wie im vorliegenden Fall, in den Konkurrenzbereich des Arbeitgebers fällt.

Zur Kontaktaufnahme mit dem Großkunden Versandhaus Meir & Meir: Um auf diesen Verdacht, die Gespräche hätten dem Zweck der Auftragserteilung gedient, eine fristlose Kündigung stützen zu können, wäre der Kläger verpflichtet gewesen, wie bei jeder anderen Kündigung aus wichtigem Grund, die gesamten für und gegen eine sofortige Beendigung des Arbeitsverhältnisses sprechenden Umstände erschöpfend zu würdigen und gegeneinander abzuwägen. Er hätte vor allem besonders kritisch prüfen müssen, ob der dringende Verdacht einer schweren Verfehlung durch Tatsachen objektiv begründet war. Dies hat er nicht durchgeführt. Kontaktaufnahmen allein während des noch bestehenden Arbeitsverhältnisses sind zulässig. Sie schädigen den Arbeitgeber nicht unmittelbar.

Nach allem war wie geschehen zu entscheiden . . .«

Leider war Mauermann junior nicht anwesend. Er ließ sich durch seinen Anwalt vertreten. Aber Fritz wollte ihm einen »persönlich gehaltenen« Brief schreiben.

Voll des Sieges zog er nach Hause. Er begann schon am Hoftor zu erzählen und war so begeistert, daß er nicht gleich bemerkte, wie seine Frau weinte. Einen Moment lang dachte er, es sei Freude. Dann zeigte sie ihm stumm einen Brief von Werner. Er war ausgestiegen und mit dem Katalogauftrag bei seinem ehemaligen Arbeitgeber, der Großdruckerei, als Druckereikontor-Leiter wieder eingestiegen . . .

Ein ruhiger Job

Ich kann diese Wichtigtuer, diese »Weiß-Hemden-im-Dunkelblauen-mit-gestreifter-Krawatte« nicht leiden. Sie gehen mir glatt gegen den Strich. Wenn ich schon sehe, wie die mit ihren wichtigen Gesichtern wichtige Akten zu einer wichtigen Sitzung befördern. Großer Gott, die sind frühmorgens schon so verklemmt und verrückt wegen irgendwelchen blödsinnigen Entschlüsse, die in irgendeinem Gremium getroffen werden, bei dem sie irgendwie mitsprechen dürfen – ich glaube, die träumen nachts von sowas. Ich denke mir, laß sie, denen ist nicht zu helfen. Solange die ihre Sitzungen zelebrieren, habe ich meine Ruhe und kann ein kühles Bier genießen. Immer schön ruhig bleiben war schon immer meine Devise. Erstmal nachdenken, wieviel Arbeit echt in einer Sache steckt, dann prüfen, ob nicht Überschneidungen mit wichtigen Pausen zu befürchten sind, Uhrenvergleich und nachrechnen, ob es bis zu den Feierabendvorbereitungen überhaupt noch einen Sinn hat anzufangen. Falls eine interessante Diskussion über das letzte Fußballspiel mit meinem Kumpel Karl und dem Fuhrparkleiter Müller im Gang ist, dann bin ich sowieso nicht ansprechbar. Darum bin ich auch montags echt überlastet: Auf jeden Fall muß ich mit meinen Freunden und Bekannten Sportnachrichten und Meinungen austauschen und dem einen oder anderen klarmachen, daß er das letzte Spiel und den neuen Libero völlig falsch gesehen hat. Aber da ist auch noch mein Boß, so ein »Weiß-Hemd-im Dunkelblauen«. Wenn der montags morgens reinkommt, dann strotzt er nur so vor Dynamik und Einfallsreichtum. Der scheint das ganze Wochenende nur auf den Montagmorgen zu warten, um sich hier als Vertriebsleiter zu produzieren. Und was der dann alles von sich gibt: nur Unfug, durch den sich die Arbeit nur vermehrt, verschlechtert, verkompliziert. Ich weiß doch, was ich zu tun habe. Auftragsabwicklung und Versand sind bei mir in verdammt guten Händen. Schließlich mach' ich das schon seit zwei

Jahren hier in dem Laden. Da kann mir doch so ein Hemd nichts erzählen.

Wollte der mir doch tatsächlich letzte Woche einreden, wir sollten in der Packerei kein Bier mehr trinken! Er hatte mich in sein Büro kommen lassen, was sonst unter seiner Würde ist. Normalerweise läßt er seine Entscheidungen über seinen Assistenten seinen Mitarbeitern im Betrieb mitteilen. Aber diesmal empfing er mich in seinem Büro und bot mir sogar einen Stuhl an.

Bilde dir nur keine Schwachheiten ein, du Hemd, dachte ich, ich hätte mich auch ohne deine blöde Geste in diesen Sessel gehängt.

»Ich habe Sie zu mir gebeten, Herr Macker, um mit Ihnen einmal eine Reihe von Mißständen in der Packerei und im Versand vertraulich durchzusprechen. Sie sind doch da unten der führende Mann und haben den Überblick . . .«

Was soll die Lobhudelei, du Hemd, dachte ich, da ist doch was faul . . .

»Ich weiß recht gut, daß Sie wie ich die Mißstände und die faulen Stellen dieser Abteilungen kennen und daß Sie das nicht billigen. Da ist zum Beispiel der Kunze . . .«

Laß meinen Kumpel aus dem Spiel, dachte ich.

»Der ist doch permanent angetrunken. So ein Mann bringt eine ganze Abteilung in Verruf. Ich habe sogar den Verdacht, daß dieser Mann auch andere zum Alkoholkonsum verleitet. Als Vertriebschef bin ich auch verantwortlich für den Versand und die Packerei, und ich kann es nicht dulden, daß durch solche Leute letztlich auch auf mich und meine Personalführung ein Schatten fällt.«

Junge, hab' dich doch nicht so, wegen einer Flasche Bier, davon verträgt der Kunze zehn, und steht noch wie eine Eins, dachte ich.

»Dann ist mir in letzter Zeit wiederholt berichtet worden«, fuhr er fort, »daß die Arbeitsleistungen insgesamt im Versand erheblich gesunken seien durch stundenlange Privatunterhaltungen ganzer Gruppen von Leuten, die über irgendwelche belanglosen sportlichen Ereignisse schwätzen . . .«

Mal langsam, mal langsam, dachte ich, was verstehst du Hemd denn von Fußball. Und gleichzeitig ging mir durch den Kopf, daß wir da anscheinend so ein Schwein unter uns haben mußten, das uns verpfiff. Das beunruhigte mich echt, denn ich wußte nicht, wer das sein konnte.

»Lieber Herr Macker . . .«

– Na, komm, Junge, seit wann bin ich dein Lieber. Entweder Herr Macker oder Onkel Karl . . .

»Lieber Herr Macker, das sind skandalöse Entwicklungen, insbesondere, wenn ich hinzufüge, daß auch Kartenspiele beobachtet worden sind und daß fast alle – ich sage bewußt fast alle - Leute des Versands ihre Mittagspausen um bis zu einer Stunde überziehen sollen. Ich weiß, was Sie jetzt sagen wollen: Durch die Auslagerung des Versands in die Mühlenstraße fehle jegliche direkte Dienstaufsicht und von den Vorgesetzten lasse sich niemand blicken . . .«

Mann, hast du einen Durchblick, dachte ich, das ist es ja gerade, was den Vorteil des Versands ausmacht. Seit wir da drüben sind, läßt sich doch keines von euch Hemden mehr blicken. Darum mögen wir doch die Regentage so gern, weil dann hundertprozentig keiner rüberkommt, der müßte ja seinen Schirm aufspannen und durch die Pfützen. Aber dafür wissen einige von den knackigen, kleinen Türkinnen, was an solchen Tagen bei uns los ist, das scheinst du wohl noch nicht gehört zu haben, wie? Vielleicht würdest du dann auch kommen?

»Um es kurz zu machen: alle diese Unregelmäßigkeiten und Verstöße gegen die Hausordnung müssen abgestellt werden. Das Maß war schon lange zum Überlaufen voll. Nun ist sogar die wichtige Sendung an Schmitt & Schmitt AG am Freitag liegengeblieben. Jetzt ist Schluß. Ich habe Vollmachten vom Vorstand, auch personell hart durchzugreifen. Wir sind entschlossen, wieder Ordnung in den Versand zu bringen, koste es was es wolle.«

Komm, blas' dich nicht so auf, wenn wir nicht wollen, bleibt der ganze Mist doch liegen, dachte ich, aber gleichzeitig konnte ich nicht verhindern, daß er doch einen gewissen Eindruck auf mich machte.

»Und damit bin ich bei Ihnen, Macker . . .«

Vorsicht, du Hemd, ich bin organisiert, ging es mir durch den Kopf, und ich verlor noch ein Stück meiner Gelassenheit.

»Ich habe die volle Zustimmung des Vorstands, Sie zum vollverantwortlichen Chef des Versandes zu befördern, und zwar ab sofort.«

Jetzt war ich platt, jetzt hatte das Hemd mich doch glatt überfahren.

»Ich bin sicher, Sie sind damit einverstanden, zumal Sie von Ihrer bisherigen Laufbahn und Ausbildung her für diese Position gut geeignet sind.«

»Ja, ja«, murmelte ich etwas verwirrt ...

»Gut, dann würde ich Sie bitten, mir bis morgen Ihre kompletten Unterlagen mitzubringen – Zeugnisse und so –, ich habe festgestellt, daß wir die Sachen alle nicht hier haben – dann werde ich eine Akte anlegen und Sie in aller Form befördern. Wir werden in den nächsten Tagen eine besondere Hausordnung für den Versand und die Packerei bekanntmachen und mitteilen, daß Sie persönlich die Durchführung garantieren. Sie können sich ja inzwischen schon ein paar eigene Gedanken machen über weitere Verbesserungen.«

Vielleicht eine zweite Couch zum V ...., fuhr es mir durch den Kopf, aber ich war nicht mehr zum Scherzen aufgelegt.

»Ich bin sicher, daß wir mit Ihnen einen Mann befördern, der durch seinen Charakter und seine persönliche Stabilität eine optimale Bewältigung dieser verantwortungsvollen Aufgabe garantiert. Ich danke Ihnen, daß Sie gekommen sind und erwarte Sie morgen mit Ihren Papieren um zehn Uhr.«

Als ich an diesem Tag nach Hause ging, war ich unentschlossen, unsicher über das, was ich eigentlich wollte. War das nun ein übler Trick, mit dem sie mich hereinlegen, zu einem Hemd machen wollten? – Sollte ich mich dazu hergeben, gegen meine besten Kumpel für diesen Schreibtischheini den Büttel zu machen? Und was sollte aus unseren Festen und Feiern werden und den kleinen Türkinnen? Je mehr ich mich meiner Bude näherte, um so unzufriedener wurde ich mit mir selbst. Warum hatte ich diesem verdammten Hemd nicht rechtzeitig eine vor die Schnauze gegeben, bevor er mich mit seinem perversen Vorschlag überfahren konnte? Er hatte völlig richtig spekuliert, das Schwein, ich hatte eine geheime Schwäche für die »Weiß-Hemden-im-Dunkelblauen«. Nicht so, daß ich ganz heiß darauf gewesen wäre, ein Hemd zu werden, aber manchmal hatte ich daran gedacht, daß ich es werden könnte, wenn ich nur wollte. Mehr so aus Phantasie, wenn ich mal mit mir unzufrieden war, oder mal was einstecken mußte. Natürlich nicht so ein beklopptes Hemd, so ein Möchtegern-Manager ... Und meine Bierchen hätte ich dann auch weiter geschluckt. Nachdem ich an diesem Abend in meiner Stamm-Pinte ein paar Runden ausgeknobelt und meine übliche Ladung drin hatte, fiel mir ein, daß ich meine Papiere noch zusammenstellen mußte. Dabei las ich alle nochmal durch, und dadurch reifte mein Entschluß: Mit jedem dieser Zeugnisse kam ich ihm einen Schritt näher:

– Das Abschlußzeugnis der Volksschule: durchschnittlich – »Ausreichend«. Es hatte gereicht, was wollte ich mehr. Nur in Sport hatte ich ein »Gut«. Darauf trank ich einen doppelten Korn.

– Der Kaufmannsgehilfenbrief: Bestanden. Das war ziemlich knapp gewesen, weil ich Rechnen verhauen hatte und auch im Aufsatz nicht besonders abschnitt. Aber Buchführung und Betriebslehre gingen gerade so, und da klappte es. Ich gebe zu, ich hatte mich auch nicht sonderlich angestrengt. Darauf trank ich einen doppelten Korn.

– Das erste Zeugnis über den ersten Fulltime-Job; das Lehrzeugnis vom alten Friedrich persönlich: »Er wurde mit allen in dieser Branche vorkommenden Arbeiten wie Lagerhaltung, Warensortiment, Warenversand vertraut gemacht. Im ersten Jahr wurde er in der Porzellanabteilung eingesetzt. Danach wechselte er in die Lebensmittelabteilung und konnte sich dort gute Kenntnisse aneignen (Besonders bei Lisa, die für die Milch zuständig war! Prost!) ... er war ehrlich, willig und fleißig ... Ich wünsche ihm für die Zukunft alles Gute.« Prost Friedrich, warst ein ordentlicher Kerl. War eine schöne Zeit ...

– Dienstzeugnis/Versorgungsbataillon 430: (einer der ruhigsten Jobs, die ich je hatte) »... hat vom 3. 4. 64 bis 2. 3. 66 Wehrdienst geleistet. Er hat während dieser Zeit die Dienststellung eines Depotverwalters bekleidet. Seine Führung war gut. In seiner Tätigkeit als Depotverwalter hat er gute Leistungen gezeigt.« Prost!

– Erster Kontakt mit »Weiß-Hemden-im-Dunkelblauen« als Assistent des Lagerleiters bei einer Gummifabrik: »... er hat seine Aufgabe mit gutem Erfolg erfüllt. Schon nach kurzer Zeit wuchs er zu einem wertvollen Mitarbeiter für den Sachbearbeiter heran, wozu ihn seine schnelle Auffassungsgabe befähigte.« (Das war der Zeitpunkt, als ich anläßlich der Geburtstagsfeier von Mühlschwein – so hieß der nun mal, der Lagerleiter – meine Schwäche für ein kühles Pils entdeckte. Von da an waren wir ein bekanntes Duo, überall, wo es was zu schlucken gab.) Prost!

»... er war strebsam, interessiert und gewissenhaft. Sein Vorgesetzter und ich waren jederzeit mit seinen Leistungen voll zufrieden. Er hätte sich nach einigen Jahren Erfahrung zu einem tüchtigen Nachfolger des derzeitigen Lagerleiters entwickeln können.« (Genau das war es. Da haben die Hemden zum ersten Mal versucht, mich gegen einen Kumpel zu befördern und mir den ruhigen Job zu nehmen!)

»... wir bedauern sehr, daß er sich entschlossen hat, seine Tätigkeit in unserem Hause aufzugeben. Wir wünschen ihm für sein Fortkommen viel Erfolg!« Prost! Prost Mühlschwein! Was waren wir für ein gutes Team, bis diese verdammten Hemden kamen!

– Zweiter Kontakt mit den Hemden: Sachbearbeiter im Materialwesen bei Karlson KG. Ein ruhiger Job für ein ganzes Jahr, bis diese Rationalisierungs- und EDV-Hemden kamen. Ganz widerliche Typen, die Milch tranken, tagelang dumm rumschwätzten, und auf einmal war der Job überflüssig. Prost.

Das war's! Eindeutig! Ganz klare Situation! Ich immer als ordentlicher Kumpel und ehrlicher Arbeiter in einem ruhigen Job, und dann diese verfluchten Hemden immer dazwischen!

Prost! Lage glasklar erkannt! Prost! Absetzen ist die Devise! Prost! Weiße Hemden in Sicht, ruhiger Job versaut! Prost!

Ich legte meine aufschlußreichen Papiere vorsichtig in ihre Mappe zurück und schloß die Mappe vorsichtig weg. (Wenn ich einen drin habe, bin ich immer sehr vorsichtig.)

Am nächsten Tag machte ich blau – mit dem klaren Bewußtsein, daß ich könnte, wenn ich nur wollte, daß ich nur hinzugehen brauchte, und schon wäre ich ein Hemd, auf dem Weg nach oben, zu den Führungspositionen und so . . .

Aber ich wollte nicht!

Ein gewisses Geltungsbedürfnis

Etwas Berufspraxis hatte ich schon, als ich bei Meyr & Schmitt GmbH als junger Diplom-Kaufmann die Position eines Direktions-Assistenten antrat. Während der letzten Semester hatte ich tage- und wochenweise bei einem Handelshaus als Aushilfe gearbeitet. Über diese Tätigkeit habe ich ein Zeugnis, in dem sich zwei Sätze finden, die ich mir immer wieder gern durchlas: »Wir lernten Herrn Müller als einen aufgeschlossenen und tüchtigen Mitarbeiter kennen, den wir aufgrund seiner Kenntnisse und seiner guten Arbeit ausgezeichnet in unseren Fachabteilungen Ein- und Verkauf, Kasse, Zahlungswesen, Registratur und Telefonzentrale einsetzen konnten. Wir bestätigen Herrn Müller, daß er stets ehrlich, fleißig und pünktlich war, daß wir mit seinen Leistungen stets zufrieden waren und daß wir ihn gern in unserem Hause beschäftigt haben.«

Ich wußte also, wie es in der Industrie aussah, und wie es in der Praxis eines Bürobetriebes zuging. Ich kam nicht als reiner Theoretiker von der Uni. Auch aus dieser Zeit hatte ich eine positive Beurteilung meiner Person. Professor Chwatschnich vom Institut für Revisions- und Steuerwesen hatte über mich geschrieben, daß ich als teilbeschäftigte wissenschaftliche Hilfskraft auf den Gebieten Steuerwesen und Revision Literaturzusammenstellungen und Auszüge angefertigt habe; daß ich bei einem Forschungsauftrag aktiv mitgewirkt habe und darüber hinaus mit der Vorbereitung und Organisation einer Studien- und Forschungsreise betraut gewesen sei. Wörtlich heißt es dann: »... er hat die ihm übertragenen Arbeiten zu meiner vollsten Zufriedenheit ausgeführt. Seine Führung war jederzeit einwandfrei. Ich wünsche ihm für die Zukunft alles Gute. Professor Chwatschnich.«

Mit diesen für mich überaus positiven Beurteilungen begann ich bei Meyr & Schmitt GmbH. Nicht als irgendein kleiner Angestellter, sondern als Direktionsassistent bei Herrn Prokurist Dr.

Bullmann, dem Verwaltungsdirektor. Gleichzeitig mit mir wurde ein zweiter Diplom-Kaufmann als Direktionsassistent bei Herrn Schnüller, dem Vertriebsdirektor, unter Vertrag genommen. Er hieß Schulz-Fritzlar. Schon dieser Name zeigte eine gewisse Affektiertheit. Warum hieß der Mann nicht einfach Schulz? Nein, so hießen eben viele normalen Leute, darum mußte es Schulz-Fritzlar sein. Nicht, daß ich von Anfang an gegen den Mann eingestellt gewesen wäre. Dafür gab es keine sachlichen Gründe. Er hatte sein Studium mit der Promotion abgeschlossen. Aber das hätte ich auch haben können, wenn ich noch drei, vier Semester drangehängt hätte. Ich glaube, es war seine Attitüde: Ich bin der Doktor der Volkswirtschaften Germar-Klaus Schulz-Fritzlar, Direktions-Assistent, und wer sind Sie bitte? – Dazu kam auch sein affektierter Aufzug. Jeden Tag ein anderer auffälliger Anzug, ein anderes modisches Hemd, und dann diese grellen Schlipse! Na gut, das sind mehr Geschmacksfragen. Ich würde mich nie in dieser Weise ausstaffieren. Ich habe eine ausgeprägte Vorliebe für das Vornehm-Dezente in Kleidung und Auftreten.

So richtig zu ärgern begann mich dieser Schulz-Fritzlar, als er versuchte, mir Anweisungen zu erteilen. Er rief mich in seiner arroganten Art an, ohne sich mit Namen zu melden: »Sagen Sie mal Müller, für die Rohrpostanlage sind doch Sie zuständig? Das Ding funktioniert nicht. Haben Sie das eigentlich schon bemerkt? – Nein? – Es wäre außerordentlich reizend von Ihnen, wenn Sie das mal wieder in Ordnung bringen würden.«

Und dann hängte er einfach auf. Mir verschlug diese geballte Ladung Impertinenz einfach die Sprache. Während es in mir zu kochen begann und ich über die nun zu ergreifenden Maßnahmen erregt nachdachte, brachte mir der Bote einen Hauspostumschlag. Eine kurze Aktennotiz von Direktor Schnüller, in der das Ausfallen der Rohrpostanlage an uns gemeldet wurde, war mit einem handschriftlichen Vermerk von Schulz-Fritzlar versehen: Mit der Bitte um rasche Veranlassung an Müller/Verwaltung. Das war zuviel. Das ging entschieden zu weit. Ich dachte noch einen Moment über den Fall nach. Diese provozierende, zweifache Herabsetzung meiner Person konnte und wollte ich nicht auf mir sitzen lassen. Ich erbat einen Besprechungstermin mit Direktor

Schnüller, dem Vorgesetzten von Schulz-Fritzlar. Ich erhielt auch gleich einen Termin.

»Na, wo brennt's, Müller«, fragte er jovial.

Ich trug ihm die ganze empörende Geschichte vor.

»Großer Gott, nehmen Sie das doch nicht so tragisch«, war sein ganzer Kommentar.

»Aber das ist doch unerklärlich, wie ein mir gleichgestellter Assistent . . .«

»Schon gut, schon gut, wenn Sie größer sind, erklär' ich's Ihnen.« Damit war ich verabschiedet.

Mir war richtig schlecht, als ich zurück in mein Büro ging. »Wenn Sie größer sind, erklär' ich's Ihnen«, hatte er gesagt. Der hatte mich überhaupt nicht ernst genommen und würde sich sicher gerade jetzt mit seinem Schulz-Fritzlar über mich lustig machen. »Wissen Sie, wer eben hier war? Zu komisch, zu komisch . . .«

Als ich am Nachmittag mit meinem Vorgesetzten Direktor Dr. Bullmann über die Sache sprach, sagte er:

»Na, dann zeigen Sie's den Vertriebsheinis doch mal, Müller. Jetzt haben Sie doch eine Chance. Die Rohrpostanlage funktionierte schon immer schlecht. Bringen Sie das mal ganz toll in Ordnung. Sie haben meine volle Unterstützung. Zumal es hier um eine Sache geht, die das ganze Haus betrifft und für alle ein Ärgernis ist.«

Da ging ich gleich zielbewußt an die Aufgabe heran. Zunächst lief ich an den Fernschreiber, um wenigstens die Kopien der steckengebliebenen Fernschreiben zu beschaffen und so den aktuellen Fehler zu beseitigen. Dabei bot sich die erste Revanche: Ich brachte die Fernschreibkopien persönlich Herrn Schulz-Fritzlar und ließ so nebenbei fallen:

»Wenn Sie gleich in den Fernschreiber gegangen wären, hätten Sie die Kopien schon seit heute Vormittag.«

Aber das Problem mit den verschwundenen Fernschreiben war ja noch nicht ausgestanden. Der gesamte Informationsfluß mußte durchleuchtet werden, personell und normativ. Im Mittelpunkt meiner Istanalyse stand das Rohrpostsystem. Da mehrere Abteilungen betroffen waren, mußte eine intersektorale Arbeitsgruppe gebildet werden, unter meinem Vorsitz.

In meinem Bemühen, Probleme gemeinsam zu lösen, bevorzuge ich Kooperation und Teamarbeit. Es war mir darum eine Selbstverständlichkeit, meine Mitarbeiter für die neue Aufgabe zu begeistern. Durch Organisationsgabe, Detailkenntnis, Übersicht und straffe Verhandlungsführung gelang es mir, rasch zum Problemkern vorzustoßen. Das junge, durch meine überzeugende Persönlichkeit zusammengeschweißte Erfolgsteam lokalisierte als eminenten Störfaktor im Informationssystem die Hülsen der Rohrpostanlage. Diese blieben einfach ohne erkennbaren Grund stecken. Der Meier, ein begabter, aufrechter Bursche, der bei mir rasch hartes Brot kauen lernte, brachte den entscheidenden Schritt in Richtung auf die Lösung durch Vorlage mehrerer Rohrposthülsen. Während meine jungen Experten zentral gesteuert von Stockwerk zu Stockwerk jagten und die Rohrpostleitungen prüften, hatte ich schon ein zweites Bein ausgefahren: Konzentriert prüfte ich die Hülsen und ihre Beschaffenheit. Sie bestanden aus einem durchsichtigen Plastikrohr mit Kappen als Verschluß an beiden Seiten. Am oberen und unteren Drittel des Plastikrohres waren Schaumgummiwülste aufgesetzt, die genau dem Durchmesser des Leitungsrohres entsprachen, durch das sie geschossen wurden. Und beim Betasten dieser Schaumgummiwülste, beim Durchchecken aller einschlägigen Details gelang mir der Durchbruch zur Lösung: Die Wülste waren auf zwei Seiten stark abgeflacht. Wenn man sie in den gleichmäßig runden Kreis des Leitungsrohres steckte, erkannte man, wie durch diese Abflachung an zwei Stellen der Schaumgummiwulst mit der Rohrwand nicht mehr in Berührung kam. Dadurch konnte die Druckluft an den Hülsen vorbei, und diese blieben stecken . . .

Der Schluß war einfach: Die Abflachung der Schaumgummiwülste entstand durch unsachgemäße Lagerung der Hülsen an den Stationen des Rohrpostnetzes (Ergebnis der planmäßigen, zielgerichteten Arbeit meiner Kommission). In einer Serie von Expertengesprächen wurde ein System für die wulstschonende Lagerung der Hülsen erarbeitet. In einer umfangreichen Dokumentation faßte ich die Ergebnisse zusammen und zeigte die betriebsbezogenen, sinnvollen und wirtschaftlich realisierbaren Lösungsmöglichkeiten auf. Das recht beachtliche Exposé wurde dem Vorstand überreicht. Ein kurzer Vortrag von mir, in meiner Eigenschaft als Leiter des Teams: »Ich bemühte mich, verantwortungsvoll und mit dem Einsatz meines Fachwissens und Könnens Sie voll und ganz zufriedenzustellen.«

Der Vorstand antwortete, ich weiß es noch ganz genau:

»Hervorragend (Schulterklopfen), auf Anhieb bewährt, Sie werden rasch in größere Aufgaben hineinwachsen. Ich befördere Sie hiermit zum Beauftragten für die Kontrolle und Instandhaltung der mechanischen Informationsmittel. Gratuliere! Wenn Sie so weitermachen, haben Sie bei uns eine glänzende Zukunft.«

Das ist der Durchbruch für dich, dachte ich an diesem Abend, als ich nach Hause fuhr und glücklich war. Mit einem Schlag war ich im ganzen Haus bekannt geworden. Wer war schon ein Schulz-Fritzlar, irgendwo im Vertrieb? – Ich, Müller, war befördert worden in eine zentrale Funktion des Hauses, die alle Abteilungen betraf und auf alle Bereiche ausstrahlte. So stellte ich mir das damals jedenfalls vor. Aber nach einigen Tagen sprach niemand mehr von der Sache, und nach einigen Monaten wußten viele schon gar nicht mehr, welche besondere Funktion ich hatte. Es kam noch schlimmer: Irgend jemand – ich vermute, es kam von Schulz-Fritzlar – hatte den Spitznamen »Rohrpostmüller« in Umlauf gebracht. Ich war tief betroffen, als ich zum ersten Mal den Namen von Dritten hörte. Nur ein Gedanke beruhigte mich: Mir hatte der Vorstand persönlich auf die Schulter geklopft und eine glänzende Zukunft vorausgesagt. Wenn ich weiter hier gute, solide Arbeit leistete, dann würde die Anerkennung schon nicht ausbleiben. Aber statt mir wurde vor vierzehn Tagen Schulz-Fritzlar zum stellvertretenden Vertriebsleiter befördert.

Ich sprach über diese überraschende Aktion mit meinem Vorgesetzten. Natürlich würde ich gern hier arbeiten, schließlich sei ich ja auch vor einigen Monaten mit einer zusätzlichen Sonderaufgabe betraut worden. Aber, ob ich denn nicht auch zur Diskussion gestanden hätte, als es um die Neubesetzung des Postens für den stellvertretenden Vertriebsleiter gegangen sei?

»Doch, doch, sagte er, aber wir haben da ein Gutachten anfertigen lassen, um so objektiv wie möglich zu entscheiden. Hier!« Und dann gab er mir mein Charakterbild:

»Die kaufmännischen Fähigkeiten des Kandidaten haben ihren Schwerpunkt auf den Gebieten der Verwaltung und des Rechnungswesens, und da er zudem Sinn für das Rationelle besitzt, könnte er eventuell auch für eine betriebswirtschaftliche Tätigkeit in Frage kommen. Er ist geistig beweglich, faßt leicht auf, vermag sich in die Materie einzufühlen und denkt folgerichtig und abwägend. In einem Bereich, der seinen Kenntnissen und Erfahrungen entspricht, kann er selbständig urteilen sowie einteilen, berechnen und planen. Schließlich ist er sehr flexibel und weiß sich dadurch bei Schwierigkeiten gut zu helfen.

Seine Aufgaben führt er umsichtig und planvoll durch. Dabei ist er bei aller Zielstrebigkeit dank seiner Beweglichkeit zugleich in der Lage, sich auf wechselnde Gegebenheiten und Anforderungen umzustellen. Er erledigt seine Aufgaben ordentlich und sorgfältig, und schließlich wird er sich, weil er ehrgeizig ist, als fleißig und strebsam erweisen und von sich aus Initiative entfalten.

Im Umgang zeigt sich der Kandidat freundlich und gewinnt so gut Kontakt, wahrt aber gleichzeitig Zurückhaltung. Obwohl nicht ohne ein gewisses Geltungsbedürfnis und eine gewisse Empfindlichkeit, wird sich der Kandidat infolge seines Teamgeistes innerbetrieblich im wesentlichen anpassen und einordnen. Er ist aber dankbar für Anerkennung seiner Person und seiner Leistungen und dadurch gut anzuspornen. In charakterlicher Hinsicht verfügt er im allgemeinen über Selbstdisziplin und Halt, zumal auch gewisse Hemmungen ihn zur Vorsicht und Besonnenheit veranlassen.

Insgesamt eine gute Nachwuchskraft, die in die Position eines Direktionsassistenten hineinwachsen könnte.«

Ich war ganz angetan davon und lächelte ein bißchen stolz, als ich zu Ende gelesen hatte:

»Wenn ich mir die Bemerkung erlauben darf, Herr Direktor Bullmann, das Gutachten ist doch recht positiv?« –

»Ja, ja, das ist richtig«, sagte er und reichte mir ein zweites Gutachten, das Charakterbild von Dr. Schulz-Fritzlar:

»Der Kandidat ist eine kultivierte und geistig interessierte Persönlichkeit mit außerordentlichem Elan – in seinem Auftreten ungezwungen und selbstsicher: Ein klarer Kopf mit klarem Blick für Zusammenhänge, der die Fähigkeiten zu abstraktem, theoretischen Denken einerseits und anschaulicher, praktischer Intelligenz andererseits in sich vereinigt. Er ist fähig zum sachlich bestimmten, mitunter recht kritischen Urteil, verbunden mit rascher Auffassungsgabe und geschulter Kombinationsfähigkeit.

Außerdem verfügt er über ein ausgeprägtes Geschick im Umgang mit Menschen und kann deshalb an der Spitze eines Teams in seinem Geschäftsbereich für Dynamik, Koordination, Planung und Organisation sorgen.

Er hat ein besonderes Talent, Begabungsreserven aufzuspüren und den Leistungswillen seiner Mitarbeiter zu steigern. Hierbei beherrscht er die Kunst, Talente richtig einzusetzen und auf Veränderungen, Schwierigkeiten, Pannen schnell und zweckentsprechend zu reagieren. Mit der ihm eigenen Sachlichkeit, Klarheit und Zielstrebigkeit, kritisch auch gegenüber eigenem Versagen, überzeugend in der Bewertung auch schwieriger Vorgänge, bleibt er stets unparteiisch und gerecht. Hierdurch wirkt er stets ausgleichend und überzeugend und kann so ein echtes Vertrauensverhältnis mit allen Bereichen des Unternehmens schaffen.

Eignung als stellvertretender Vertriebsleiter:

Er kann als eine hochbegabte Nachwuchskraft angesehen werden, die für Führungsaufgaben geeignet ist. Als stellvertretender Vertriebsleiter wird er nicht nur marktgerecht planen können, sondern auch mit Energie und Weitsicht seine Abteilung leiten, und verstehen, seine Mitarbeiter zu führen, anzuspornen und sich taktvoll durchzusetzen. Er kann für die in Aussicht genommene Position voll empfohlen werden.«

»Aber, das ist doch gar nicht möglich«, stotterte ich verblüfft. Wie ist denn so etwas zu erklären, daß . . .«

Da kam er um den Schreibtisch herum, klopfte mir auf die Schulter und sagte:

»Wenn Sie mal größer geworden sind, erklär ich's Ihnen . . .«

Die letzte Position

Er hatte sehr große Ohren, die zu den Rändern hin dünn wurden, Elefantenohren, aus denen oberhalb des Ohrläppchens Haare wuchsen. Seine grauen Haupthaare bildeten dünn und schütter einen leichten Kranz um seinen Hinterkopf. Die mächtige, leicht gerötete Stirnglatze wurde von den buschigen, dicht zusammengewachsenen Augenbrauen begrenzt. Die kleinen grauen Augen waren fast wimpernlos. Eine dicke, großporige knorrige Nase reichte mit der herabhängenden dicken Unterlippe bis dicht über den fleischigen Mund. Er kleidete sich sorgfältig und hatte aus seiner Zeit einige Koketterien mit herübergenommen ins Büroleben als Personalchef von Witte & Sohn. So etwa die seidenen, weißen Tücher in der Reverstasche, gelegentlich eine Blüte im Knopfloch, den Duft von teurem Rasierwasser oder die perfekt manikürten Fingernägel. Und seine schier grenzenlose Großzügigkeit: Er gab sein ganzes Einkommen für Geschenke und kleine Aufmerksamkeiten aus, die er erfinderisch zusammenstellte und überraschend verteilte. Etwa, wenn er den Eindruck hatte, daß die alte Frau Poole traurig war, dann kaufte er ihr einen Blumenstrauß – nicht irgendeinen, sondern genau den, den sie sich schon immer gewünscht, aber nie selbst gekauft hatte. Für solche Kleinigkeiten hatte er eine ausgeprägte Sensibilität. Persönlich war er anspruchslos, wohnte in einer kleinen, karg eingerichteten Bude und aß wenig. Die Liebe zum Wein und die Vorliebe für bestimmte Moselsorten waren ein weiterer Zug seiner Persönlichkeit.

Er hatte seine große Zeit hinter sich, als er zu Witte & Sohn kam. Die langen Jahre alt Arzt im Ausland, die zwanzig Jahre als angesehener Großstadtarzt mit einer florierenden Praxis und dann die Flucht quer durch Europa während des Krieges hatten ihn alt werden lassen.

Nach den Jahren der Flucht und nach dürftigen Verhältnissen als Vertretungsarzt in einer Landgemeinde hatte er einen seiner früheren Patienten, inzwischen Geschäftsführer von Witte & Sohn, getroffen. Der verschaffte ihm die Stelle.

»Mit Menschen können Sie doch umgehen, und die wenigen Formalien haben Sie in vierzehn Tagen begriffen«, sagte der. »Außerdem haben wir da seit Jahren den ersten Lohn- und Gehaltsbuchhalter Schulzmüller, der bisher die ganze Personalverwaltung und den Formkram gemacht hat. Dann sind da noch drei Buchhalterinnen und zwei Kontoristinnen. Insgesamt sechs Leute. Einen richtigen Personalchef hatten wir nie. Aber in dem Maß, in dem wir größer werden, brauchen wir einen. Eine Persönlichkeit mit viel Einfühlungsvermögen und Takt, die keine revolutionären Veränderungen durchführt, sondern das bestehende, in Jahren gewachsene Personalgefüge pflegt und hegt. Sie müssen wie ein Gärtner vorgehen, mehr stützen, helfen, fördern. Genau das, was Sie als Arzt doch im Grunde auch getan haben. Was meinen Sie dazu? – Wäre das auf Ihre alten Tage nicht die richtige Aufgabe?« –

Da hatte er zugesagt.

Für Schulzmüller, den ersten Lohn- und Gehaltsbuchhalter, war es das Ende seines Traumes. Er wußte genau, daß Witte & Sohn in den nächsten Jahren einen Personalchef mit allen Kompetenzen brauchte. Es gab nur einen Mann im ganzen Betrieb, der sich jahrelang auf diesen Posten vorbereitet hatte – Schulzmüller. Nur er kannte bis in die Details die gesamte Personalstruktur und die Namen aller Mitarbeiter. Er kannte oft auch die Familienverhältnisse, die finanzielle Lage und die Zukunftswünsche jedes einzelnen. Schulzmüller hatte sich durch seine ungewöhnliche Exaktheit, seine penible Genauigkeit und Korrektheit die ersten Sporen verdient. Diese Eigenschaften waren es auch, die in den späteren Jahren dem dürren, kränkelnden Mann die Position des ersten Lohn- und Gehaltsbuchhalters eingebracht hatten. Seine Abrechnungen stimmten immer, seine Personalentscheidungen stimmten nie. Im Laufe der letzten fünf Jahre des Aufschwungs von Witte & Sohn hatte man ihm immer umfangreichere Personalbefugnisse übertragen.

»Der Schulzmüller macht das schon, geh'n Sie mal zu dem Schulzmüller, der macht bei uns den Personalkram«, sagten sie. So war er mit der Zeit nicht nur zuständig geworden für die Urlaubsgewährung und die Krankenstatistik, sondern auch für die Lehrlinge, die Verträge bei Neueinstellungen sowie für Versetzungen und für Fortbildungsprojekte.

»Schulzmüller, da kommt jetzt der Türke, der neue Hilfsarbeiter, zu Ihnen, erklären Sie ihm mal, was ein Tarifvertrag ist.«

»Schulzmüller, können Sie mal mit den Gehaltslisten kommen, da hat sich der Hubermann beschwert, er wäre falsch eingruppiert.«

»Schulzmüller, die Sekretärin von Dr. Huller hat gekündigt. Wir brauchen bis zum 1. 7. eine neue. Kümmern Sie sich doch mal um die Sache.«

So ging das jeden Tag. Am Anfang hatte er große Schwierigkeiten, denn da kamen Aufgaben auf ihn zu, Probleme, die sich nicht wie eine Kontodifferenz lösen ließen, sondern die ein eigenes Urteil, Entscheidungsfreude, Einfühlungsvermögen, Verantwortungsbereitschaft und Kontaktfreude erforderten. Besonders, wenn man ihm Leute schickte, die sich stritten, die nicht mehr zusammensitzen wollten, die sich gegenseitig Vorwürfe machten. Dann war er hilflos. Er versuchte zunächst, diese Personalprobleme des Tages auf die gleiche Weise zu lösen wie die Kontodifferenzen: Er prüfte alle Einzelposten immer wieder, um zu sehen, ob sich nicht doch eine Übereinstimmung zwischen den vermeintlichen Wünschen des Unternehmens und denen der streitenden Mitarbeiter finden ließe. Die Suche nach dieser Übereinstimmung erforderte oft Tage, so daß er immer mehr Personalprobleme auf die Warteliste setzen mußte, denn zunächst wollte er das ihm gerade vorliegende Problem lösen. Und er konnte ja nicht mehrere Fälle gleichzeitig nebeneinander lösen, beziehungsweise bearbeiten. Als Folge seiner fruchtlosen Bemühungen, alle Personalprobleme buchhalterisch zu lösen, löste er überhaupt keine. Irgendwelche Entscheidungen treffen wollte er nicht. Es war seine Überzeugung, daß man alle Posten berücksichtigen mußte, um zu einem einwandfreien Ergebnis zu kommen. Diese Überzeugung führte ihn bei allen Personalproblemen immer wieder in die Nähe der Erkenntnis, daß beide streitenden Parteien etwa gleich viel Recht und gleich viel Unrecht hatten. Aber er konnte doch nicht beiden Recht geben. Also suchte er weiter nach Gründen dafür und Gründen dagegen. Um bei dieser sorgfältigen Arbeit nicht die Übersicht zu verlieren, fertigte er über alle Einzelfälle Notizen an und war so immer auf dem laufenden. Alle diese Notizen hatte er alphabetisch geordnet und prüfte immer wieder von neuem, in ehrlichem Bemühen, ob er nicht doch eine Lösung fände. Mit der Zeit bemerkte er, daß er die Lösung schon hatte. Durch seine Entschlußlosigkeit, sein Nichtstun oder besser sein Zaudern lösten sich die meisten Personalprobleme von selbst. Für die wenigen ganz hartnäckigen Fälle, die sich durch Zaudern nicht von selbst lösten, erbat Schulzmüller die Entscheidung des Geschäftsführers. Er war verblüfft über die Wirksamkeit seines Prinzips und baute darauf seine Philosophie, die ihn zum geborenen Personalchef erklärte. Seine Geduld und sein Zaudern wegen gleicher Portion Recht und Unrecht auf beiden Seiten erlaubte es den betroffenen Mitarbeitern, über ihre kontroversen Standpunkte noch einmal nachzudenken, weiter miteinander zu streiten und zu sprechen und dabei eine für beide Seiten akzeptable Lösung zu finden. Sie erhielten so Gelegenheit, sich als erwachsene Menschen zu zeigen, die auch ohne den Schiedsspruch eines Dritten zu einer Lösung ihrer Probleme kommen konnten. Alles, was er zu tun hatte, war, sich schweigend die Standpunkte der Kontrahenten oder Bittsteller anzuhören, sie um Geduld und Nachdenken zu bitten, und nach vier, fünf Wochen sprach keiner mehr von der Sache. Vielen genügte es schon, sich einmal auszusprechen, oft ergab auch die Notwendigkeit, den eigenen Standpunkt gegenüber Schulzmüller deutlich zu machen, daß der Bittsteller selbst während seines Vortrags einsah, daß er gar keinen Anspruch haben konnte.

Wenn es um weibliche Mitarbeiter ging, hatte Schulzmüller in Fräulein Barbarkowsky, der Gehaltsbuchhalterin, eine kluge Ratgeberin. Sie war eine Anhängerin der Schulzmüllerschen Theorie, daß sich auch die schwierigsten Personalprobleme von selbst lösten, wenn man eine Entscheidung nur lange genug hinauszögerte. Allein bei weiblichen Mitarbeiterinnen war es oft mit Schweigen und Zuhören nicht getan. Hier war oft ein großer Redeaufwand mit Tränen, Augenverdrehen, Taschentuchknäulen und erheblichem Stimmenaufwand erforderlich. Das übernahm dann Fräulein Barbarkowsky. Am Ende solcher dramatischen Sitzungen geschah nichts, kein Beschluß wurde gefaßt, keine Entscheidung gefällt. Man ging auseinander im sicheren Gefühl, sich ausgesprochen und verstanden zu haben. Bei dieser Aufgabenteilung, die sich mit der Zeit ergeben hatte, war Fräulein Barbarkowsky die natürliche Verbündete und Vertraute von Schulzmüller geworden. Sie war es auch, die für ihn Entscheidungen traf, die unumgänglich waren. Da sie den Überblick hatte und im Grunde entscheidungsfreudig war, war sie so auch die notwendige Ergänzung zur Zauder-Philosophie von Schulzmüller. Etwa in den ganz hartnäckigen Fällen, die sich durch Zaudern nicht aus der Welt schaffen ließen. Da war immer sie es, die Schulzmüller im richtigen Zeitpunkt zur Geschäftsleitung schickte. Er fand auch nichts dabei, wenn sie ihm eine Akte in die Hand drückte und sagte: »Damit müssen Sie gleich zur Geschäftsleitung, der kommt in einer Stunde und will eine Entscheidung. Das wird sich nicht mehr umgehen lassen.«

Dann stand er auf und ging und alles klappte.

In diese scheinbar funktionierende Personalwirtschaft hinein wurde der alte Arzt Dr. Nobiscum durch seinen ehemaligen Patienten als neuer Personalchef verpflanzt. Rasch erwarb er sich durch seine noble Art und seine Menschlichkeit das Vertrauen der Mitarbeiter im ganzen Haus, auch das der beiden Gehaltsbuchhalterinnen und der beiden Kontoristinnen der Schulzmüllerschen Gruppe, deren Chef er nun war. Nur Schulzmüller selbst, sein Stellvertreter, und Fräulein Barbarkowsky blieben reserviert. Nur sie weigerten sich gleich am Anfang, mit ihm einen Wein zu trinken. Schon nach der Vorstellung durch den Geschäftsführer, als Dr. Nobiscum alle seine sechs neuen Mitarbeiter zu einer Flasche Wein einlud, damit man sich gegenseitig kennenlerne und die künftige Zusammenarbeit besprechen könne, zauderte Schulzmüller, als auch ihm ein Glas Wein angeboten wurde. Als er aber den mißbilligenden Blick von Fräulein Barbarkowsky sah und ihr kaum merkliches Kopfschütteln, da lehnte er säuerlich ab und verwies auf seine Magenbeschwerden. Die Barbarkowsky hatte gleich erklärt, daß sie als Mitarbeiterin der Personalabteilung während der Dienstzeit keinen Alkoholgenuß billigen könne, und hatte um Verständnis für diese ihre Überzeugung gebeten. Wenn er als neuer Chef Wein trinke, dann könne sie dazu nichts sagen, dazu sei sie auch nicht befugt. Da hatte er sie mit einem ganz kleinen spöttischen Lächeln in den Mundwinkeln angesehen und gesagt:

»Ich gratuliere Ihnen zu Ihrem Charakter und bitte Sie, uns hier das Weintrinken zu gestatten.«

Das Weintrinken war eine der neuen Gewohnheiten, die Dr. Nobiscum einführte. Zum Frühstück trank er das erste Viertel, zum Mittagessen das zweite und am Nachmittag das dritte und das vierte Viertel Weißwein. Er trank den Weißwein nicht, sondern er kaute und schmatzte ihn. Er schob dabei die herabhängende dicke Unterlippe hin und her. Von seinen sechs Mitarbeitern, von denen er vier schon nach wenigen Tagen zum Weintrinken bekehrt hatte, war es die sehr korpulente Frau Mumm, die ihm jeden Morgen die Flasche Wein und ein sauberes Glas auf den Tisch stellte. Wenn er dann kam, war es seine erste Amtshandlung, sehr bedächtig und sorgsam die Flasche zu entkorken, den Korken wieder ein Stück hineinzusetzen und die Flasche neben seinen Schreibtisch zu stellen. Dann war er für alle zu sprechen.

Nach wenigen Wochen war die neue Personalabteilung, und insbesondere das Büro von Dr. Nobiscum, einer der bevorzugten Treffpunkte der »besseren Gesellschaft« der Firma Witte & Sohn. Man konnte hinkommen, wann man wollte, ein gutes Glas Wein war sicher, und ein kurzweiliges Gespräch. Die Damen kamen gern zu Dr. Nobiscum, weil er ein so reizender, netter Kavalier war mit atemberaubend guten Manieren und überraschender Aufmerksamkeit. Man munkelte in einschlägigen Kreisen von merkwürdigen Liebschaften, die der Doktor schon gehabt haben sollte – und von reichen Frauen, die im Ausland auf ihn warteten.

»Und Kinder soll er, glaube ich, auch haben«, sagte Fräulein Ente zu Fräulein Gans mit wissendem Nicken.

»Ja, ja, und mit der Müllermann, dieser aufgetakelten Fregatte aus dem Sekretariat, soll er auch . . .«

Die Herren kamen gern in Dr. Nobiscums Büro, weil er neben dem Wein und einer schier unerschöpflichen Zahl eindeutiger Witze auch einen überlegenen Rat zu geben wußte. Da waren einmal die Leute, die sich übergangen, gekränkt, verkauft, verschaukelt fühlten. Ihnen sprach er Mut zu, für sie setzte er sich ein oder machte ihnen klar, daß sie Unrecht hatten. Dann waren da die Ehrgeizigen, die Karriere machen wollten, die brachte er immer dann ins Spiel, wenn er eine ihren Fähigkeiten entsprechende realistische Chance sah. Und dann waren da die Leute, die einfach privat Sorgen hatten, in Geldschwierigkeiten waren, unsicher waren, ob sie ihren Wagen verkaufen sollten, die zu Hause Streit hatten oder anderen Kummer. Sie kamen zu ihm und begannen nach einem oder zwei Glas Wein zu reden. Oft wußte er auch für sie einen Rat. Als Schulzmüller und die Barbarkowsky sogar den Inhaber Witte gelegentlich in Dr. Nobiscums Büro kommen sahen, als sie bemerkten, wie isoliert und im Abseits sie standen, da schien es ihnen doch besser, mit dem Übermächtigen Freundschaft zu schließen. Schulzmüller zauderte wieder, weil er doch mit seinem Magen Schwierigkeiten hatte und weil er doch nicht plötzlich zu jemandem freundlich sein konnte, der ihm seine Lebensaufgabe genommen und dessen Wein er noch vor einigen Monaten abgelehnt habe. Diesem Zaudern machte Fräulein Barbarkowsky in ihrer bewährten Art ein Ende und entschied für sich und Schulzmüller, daß sie Dr. Nobiscum zu ihrem Geburtstag einladen und mit ihm und der ganzen Personalabteilung eine Flasche Wein trinken wollten. So geschah es, und Dr. Nobiscum verzog keine Miene, als die Barbarkowsky persönlich zu ihm kam und ihn einlud. »Aber gerne«, sagte er, »ich freue mich besonders darauf, mit Ihnen anstoßen zu dürfen.«

Während sich die Barbarkowsky in der Folgezeit den neuen Machtverhältnissen gut anzupassen wußte und rasch in die neuen Gewohnheiten fand, zauderte Schulzmüller weiter. Er konnte einfach nicht anders. Wenn die Barbarkowsky ihn unter den Arm nahm und zu Nobiscum schleifte, dann trank er dort wohl auch mal ein Glas Wein. Aber er konnte es in seinem Innern einfach nicht akzeptieren, daß so private Dinge, wie Weintrinken, Gespräche ohne dienstlichen Inhalt, Frauengeschichten und andere Unregelmäßigkeiten, den gewohnten Betriebsablauf störten und das bisherige Betriebsklima entscheidend veränderten. Daß sich dabei die zwischenmenschlichen Verhältnisse verbesserten, daß das Verständnis für einander stärker wurde, daß jeder mit jedem offen sprach, auch das störte ihn. Er sprach nicht gern und konnte kein Gespräch führen. Wenn ihn jemand überraschend ansprach, erschrak er. Für ihn gab es Anweisungen, Anordnungen, Anleitungen, Aktenvermerke und den Kontenrahmen. Alles andere war Privatkram, der im Geschäft nichts zu suchen hatte. Die Personalprobleme nahmen dabei eine Zwitterstellung ein, weil sie nie ganz von solchem Privatkram zu trennen waren, ja oft davon lebten. Er löste sie auf seine Art, indem er unsicher wurde, zauderte und nichts tat. Denn nach wie vor kamen die Angestellten mit ihren kleinen und großen Problemen zuerst zu ihm. Gezwungenermaßen, denn bei Dr. Nobiscum saß fast immer jemand drin, oder er war in einem anderen Büro zu Gast. Die führenden Herren des Hauses hatten sich die Gewohnheit von Dr. Nobiscum zu eigen gemacht und boten nun ebenfalls Wein an. Im Grunde tranken sie alle gern einen Wein, hatten aber immer ein schlechtes Gewissen gehabt, schon im Büro zu trinken. Jetzt, wo der ehemals so bekannte Arzt Dr. Nobiscum ihnen durch sein Beispiel gezeigt hatte, daß ein Gläschen Wein der Gesundheit durchaus förderlich war, hörte man schon morgens die Gläser in vielen Büros von Witte & Sohn leise klirren.

Bei so weitreichenden Verpflichtungen konnte es nicht ausbleiben, daß viele Personalprobleme weiterhin erst zu Herrn Schulzmüller kamen, so etwa Fräulein Goller, die sich mit ihrem Freund schon um fünfzehn Uhr treffen wollte und sich besonders hübsch zurechtgemacht hatte. Sie suchte zuerst Dr. Nobiscum. Der war nicht da. So ging sie zu Herrn Schulzmüller, denn es war schon zehn Minuten vor drei, und sie hatte keine Zeit zu verlieren.

»Mir ist so schrecklich schlecht, Herr Schulzmüller, und ich habe so schreckliche Kopfschmerzen, ich glaube, ich muß gleich zum Arzt gehen, und der hat nur bis fünfzehn Uhr Sprechstunde. Kann ich ...«

»Bitte, Fräulein Goller, ich habe gerade zu tun, gehen Sie doch eben zu Fräulein Barbarkowsky und besprechen Sie mit ihr die Sache.« – Aber da fiel ihm ein, daß die Barbarkowsky heute einen halben Tag freigenommen hatte.

»Nein, das geht ja nicht, Fräulein Barbarkowsky ist ja gar nicht da. Ja, was soll ich da sagen, ja, also, die Dienstzeit geht bis fünf, Fräulein Goller. Ich kann das auch nicht einfach so entscheiden, müssen Sie wissen, so gegen die Dienstvorschriften. Und ich müßte natürlich auch zunächst Ihren direkten Vorgesetzten befragen, ob es die betrieblichen Belange überhaupt zulassen, daß Sie ...«

»Aber Herr Schulzmüller, mir ist so entsetzlich schlecht.« Und dabei verdrehte sie beängstigend die Augen.

»Ja, ja, mir ist auch oft schlecht. Vielleicht sollten Sie einmal bei der betrieblichen Erste-Hilfe-Station, bei Frau Murr, vorsprechen, damit sie Ihnen eine Tablette ...«

»Das hilft doch alles nichts«, jammerte die Goller, »das hilft doch alles überhaupt nichts. Ich muß zu meinem Arzt, nur der kann mir helfen ...«

»Schon gut, schon gut, aber warum fällt Ihnen das ausgerechnet jetzt ein, wo Fräulein Barbarkowsky nicht da ist, ich selbst völlig überlastet bin und es außerdem zwei Stunden vor Dienstschluß ist? Das ist doch höchst merkwürdig.«

»Aber Herr Schulzmüller, glauben Sie mir doch ...«

Um fünf nach drei war Fräulein Goller in Tränen aufgelöst. Schulzmüller hatte sie mit seinem dummen Hin- und Hergerede so völlig durcheinandergebracht, daß sie sogar richtig weinte. Sie wollte schon aufgeben und an ihren Arbeitsplatz zurückgehen (dann hätte Schulzmüller in seiner bewährten Art wieder ein Problem gelöst), da kam Dr. Nobiscum herein.

»Aber warum weinen Sie denn, Kind«, fragte er sie.

»Mir ist so schlecht (huhu) und Herr Schulzmüller meint, ich könne nicht gehen, aber ich muß doch zu meinem Arzt, und der schließt um drei (huhuhu), und mir ist so schlecht (huhuhu ...)«

»Nun weinen Sie mal nicht«, sagte er, »ich rufe jetzt sofort mal den Arzt an, damit er wartet, bis Sie kommen.« Damit griff er zum Telefonhörer. Als er sah, wie verblüfft die Goller war, fragte er erst gar nicht nach dem Namen des Arztes, sondern sagte:

»Oder besser, Sie laufen gleich los, dann verlieren wir keine Zeit, und Sie erreichen ihn noch. Bis morgen. Gute Besserung.«

Viel Vergnügen, hätte er am liebsten gerufen, aber das konnte er wegen Schulzmüller nicht.

»Mann, Schulzmülier«, sagte er, als die Goller raus war, »wie können Sie denn ein so reizendes Kind zum Weinen bringen. Sie sah doch wirklich krank und arm aus ...«

Aber da sah er, wie sich Schulzmüller den Magen hielt und mühsam einen Krampf unterdrücken wollte. Solche Szenen schlugen ihm gleich auf den Magen und lösten bei ihm noch Tage danach Koliken aus.

»Schon gut, Sie lernen es auch noch. Und für Ihren Magen sollten Sie mal was tun. Ich kenne da einen erstklassigen Spezialisten, ich rufe ihn gerne mal für Sie an.«

»Nein, nein, schon gut, sehr liebenswürdig«, sagte Schulzmüller mit hellgrünem Gesicht.

So ging das einige Monate. Dann begannen der tägliche Personalkram und die ständigen Reibereien mit Schulzmüller, das Geschwätz und die verkappte Feindschaft der Barbarkowsky, seinen Tag zu trüben und auf seine Stimmung zu drücken. In diesem kleinkarierten Kreis von einigen kleinen Leuten mit schlechten Manieren wurde ihm die Luft knapp. Mehr und mehr zog er sich aus dem lästigen Tageskram zurück und fand sich immer öfter in den Büros seiner weintrinkenden Freunde als in der Personalabteilung. Und mehr und mehr sprach er dem Wein zu. Die Barbarkowsky bemerkte es sofort. Sie beobachtete genau, was er trank, und trank deshalb auch gelegentlich ein Gläschen mit. Sie lauerte erwartungsvoll, als er eines Morgens statt des gewohnten einen Viertels zwei Viertel Weißwein trank. Mittags trank er dann noch zwei Viertel und ließ dafür das Mittagessen ausfallen. Am Nachmittag folgten noch zwei Viertel. Um vier

Uhr war er verschwunden. Sie erkundigte sich beim Pförtner und erfuhr, daß er in einem Taxi weggefahren war.

Am folgenden Tag erschien er wie gewohnt, pünktlich und frisch nach teurem Rasierwasser duftend, in seinem Büro. Sie beschloß, ihn genauer zu beobachten. So folgte sie ihm auch unauffällig und entdeckte, daß er außer dem einen üblichen Vormittags-Viertel bei seiner Runde durch die Büros der befreundeten Weintrinker noch einiges trank. Trotz der Menge hielt er sich an diesem Tag gut. Um fünf fand sie ihn hinter seinem Schreibtisch. Er schien zu dösen und hing tief über den aufgestützten Ellbogen. Als sie eintrat, fuhr er hoch.

»Ach Fräulein Barbarkowsky, sind Sie noch da? Darf ich Ihnen noch ein Gläschen Wein anbieten?«

Gern nahm sie an, weil sie ihm noch näher kommen wollte, um zu sehen, wie es mit ihm stand. Er hatte etwas glasige Augen und lallte ein wenig.

Nach diesen Beobachtungen begann sie ihre »Der-säuft-ja«-Kampagne. Schulzmüller war ihre wichtigste Figur dabei. Sie überwand in ihrer bewährten Art sein Zaudern und veranlaßte ihn, mindestens einmal in der Woche hilfesuchend mit einem Personalproblem zur Geschäftsleitung zu laufen. Bei Rückfragen: »Wo ist denn Dr. Nobiscum, können Sie nicht zu dem . . .?« antwortete er dann weisungsgemäß: »Der sitzt schon wieder bei Demunddem und trinkt Wein, der ist jetzt nicht ansprechbar. Aber die tägliche Arbeit muß ja getan werden.«

»Ja, ja, sicher, also geben Sie mal her, wo brennt's denn?« antwortete man ihm dann mit wachsendem Unverständnis für Dr. Nobiscum. Sicher trank man auch gern ein Glas mit ihm. Aber wenn das solche Folgen hatte . . .

Diese Bedenken zerstreute Nobiscum dann regelmäßig wieder durch seinen klugen Rat, sein souveränes Auftreten und seine Gespräche, die sie alle suchten. Man sprach gelegentlich in der Geschäftsleitung über die Sache, kam aber mehr und mehr zu der Überzeugung, daß die Gerüchte und das Gerede allein dem Schulzmüller zuzuschreiben seien, seinem Neid und seiner Mißgunst. Denn er war der einzige, der Dr. Nobiscum schlecht zu machen suchte. Die Barbarkowsky sah, daß sie so nicht weiter kam. Sie setzte Schulzmüller massiv unter Druck, damit er offen über Dr. Nobiscum und den Suff, der durch ihn den ganzen Betrieb zu verseuchen drohe, spreche. Aber Schulzmüller zauderte. Einerseits mochte er den Dr. Nobiscum nicht, andererseits hatte der ihm erst vor drei Wochen eine große Gehaltserhöhung verschafft. Einerseits hatte der ihm zwar den Job weggeschnappt, andererseits nahm er ihm aber auch viele unangenehme Gespräche ab. In diesem Einerseits-andererseits-Kontenrahmen kam er zu dem ihm gemäßen Schluß – er zauderte. Davon konnte ihn auch die Barbarkowsky erst einmal nicht abbringen.

Die gegenläufigen Kräfte schienen sich aufzuheben, jedenfalls für das nächste halbe Jahr. Bis die Barbarkowsky sah, wie Dr. Nobiscum eines Nachmittags leicht schwankend von der Toilette zurückkam und seine Hose naß war. Da wußte sie, daß er unaufhaltsam seinem Ende zuging. Aber es dauerte ihr zu lange. Sie erdachte einen zweiten Plan, und wieder war der Zauderer Schulzmüller ihre Hauptfigur. Schauplatz war die Geburtstagsfeier von Dr. Nobiscum. Schon vormittags ging es hoch her. Nach und nach fand sich der ganze Betrieb ein, und keiner ging, ohne mit Dr. Nobiscum getrunken zu haben. Durch den enormen Verkehr, das ständige Kommen und Gehen in seinem Büro, vergaß er völlig das Essen. Jeden Gast begrüßte er persönlich und sprach mit ihm. Jeder wollte auch mit ihm sprechen und ihm etwas Nettes sagen. Gegen zwei waren dann alle durch, und eine gewisse Ruhe kehrte ein in die Personalabteilung. Auch die anderen Mitarbeiter des Betriebes waren wieder an ihren Plätzen und gingen ihrer Arbeit nach.

Nun ging die Barbarkowsky mit Schulzmüller und den anderen zu ihm und sagte:

»Jetzt sind wir ja unter uns. Jetzt trinken wir mal einen auf unseren Dr. Nobiscum.«

Sie tat nur so, als ob sie trinke und goß Nobiscum jedesmal, wenn er mit Schulzmüller oder den anderen Damen sprach, einen Schuß Cognac in sein Weinglas. Nach einer Stunde hielt er sich nur noch mit Mühe in seinem Stuhl. Dann konnte er das Wasser nicht mehr halten. Alle sahen, plötzlich stumm geworden, wie sich unter seinem Stuhl eine Pfütze bildete. Dann versuchte er, zur Tür zu kommen. Er fiel aber um und kroch auf allen vieren weiter. Dann sackte er ganz zusammen. Die Barbarkowsky packte Schulzmüller, und sie liefen sofort hin. Während die anderen noch gelähmt in ihren Stühlen saßen, zog sie mit Schulzmüller den Körper hinaus auf den breiten, hellerleuchteten Büroflur.

»Damit er Luft bekommt«, keuchte sie.

Dann draußen, fuhr sie den Zauderer an: »Los, laufen Sie sofort zur Geschäftsleitung. Sie sollen herkommen und sich die Schweinerei ansehen.« Da lief er völlig verwirrt los. Sie selbst ging wieder hinein, schloß die Tür und telefonierte mit der Rettungswache.

Die vier anderen Damen waren inzwischen wie aufgescheuchte Hühner ausgeschwärmt, um die entsetzliche Neuigkeit zu verbreiten. Rasch kam eine Menge zusammen und sah den total betrunkenen, alten Dr. Nobiscum in seinem jämmerlichen Zustand daliegen.

Die neue Personalchefin ist jetzt Fräulein Barbarkowsky, die als einzige die Nerven behielt und gleich einen Krankenwagen bestellte. Schulzmüller wurde wegen seines arglistigen Verhaltens – ausgerechnet in so einem Fall erst die Geschäftsleitung zu holen, anstatt Nobiscum zu helfen – entlassen.

Dr. Nobiscum ging in Pension.

Goldmann RATGEBER

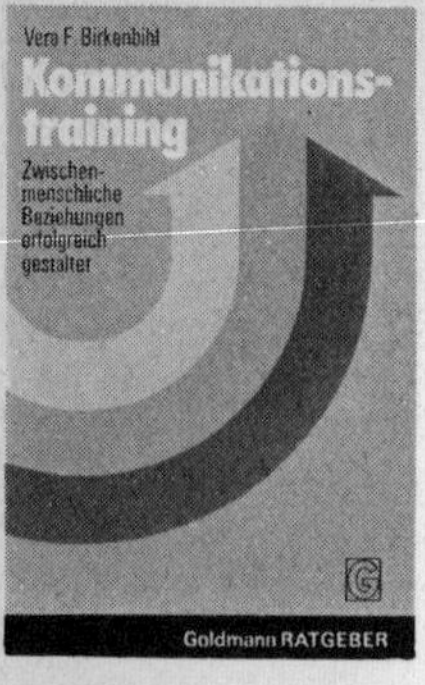

Kommunikationstraining. Zwischenmenschliche Beziehungen erfolgreich gestaltet. Von Vera F. Birkenbihl (10559)

Dieses Buch ist wichtig für jeden, der sich und andere besser verstehen will. Wichtige Themenkreise beinhalten z.B. die erfolgreiche Motivation: Wie bringt man jemanden dazu, das zu tun, was man von ihm will, sei es im Arbeitsleben, innerhalb der Familie oder im Freundeskreis. Die Autorin beweist, daß erfolgreiches Lernen auch mit Spaß an der Sache verbunden sein kann.

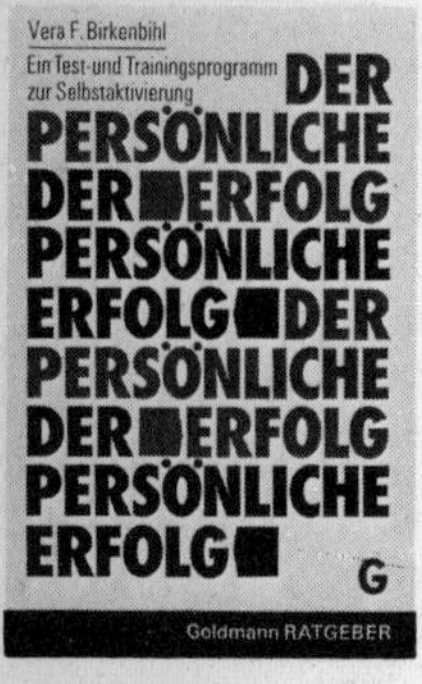

Der persönliche Erfolg. Ein Test- und Trainingsprogramm zur Selbstaktivierung. Von Vera F. Birkenbihl (10538)

Unser heutiges Wissen über die körperliche, seelische und geistige Entwicklung des Menschen erlaubt es uns, aktiv an unserer Persönlichkeitsstruktur zu arbeiten: Der Schüchterne kann sicherer, der Versager erfolgreicher und der Deprimierte optimistischer werden! Dieses Buch zeigt, wie Sie Ihr Leben aus eigener Kraft so umgestalten können, daß es angenehmer verläuft.

Gestalte dein Leben erfolgreich. Lebensführung – Menschenbehandlung – Erfolgsgestaltung. Von Paul Michligk (10518)

Der Autor, ein erfahrener Psychologe und Pädagoge, gibt in diesem Buch eine Anleitung zur richtigen Lebensführung, die auf der vollen Entfaltung aller dem Menschen angeborenen Anlagen und Fähigkeiten beruht. Erst die richtige Lebensführung befähigt zur echten Erfolgsgestaltung, deren Voraussetzung der Mut zur eigenen Meinung und zum zielstrebigen Wollen ist.

WILHELM GOLDMANN VERLAG MÜNCHEN

Goldmann RATGEBER

Das Buch der Redekunst. Ein praktischer Leitfaden zur erfolgreichen Redetechnik. Von Maximilian Weller (10546)

»Das Buch der Redekunst« bietet Ratschläge, Anleitungen und Übungen, wie man ein sicherer und routinierter Redner wird. Der Leser wird zunächst in die Sprechtechnik eingeführt, anschließend befaßt sich der Autor mit den geistigen Grundlagen der Redekunst und geht auch auf ihre psychologischen Voraussetzungen ein. Der Hauptteil ist der Redepraxis gewidmet.

Die Technik der Gedächtnisschulung. Eine praktische Anleitung. Von Wolfgang Zielke (10501)

Der Autor gibt dem Leser eine profunde, unkomplizierte Anleitung zur Schulung seines Gedächtnisses, zur Kontrolle und Verbesserung der Konzentrationsfähigkeit. Dabei greift Zielke auf in Trainingskursen gesammelte Erfahrungen zurück. Seine oft amüsanten Tricks, dem schlechten Gedächtnis auf den Leib zu rücken, sind jedem eine wertvolle Hilfe im Berufs- und Privatleben.

In 10 Tagen zum vollkommenen Gedächtnis. Ein Trainingskurs für jedermann. Von Joyce Brothers und Edward P. F. Eagan (2817)

Das Buch ist eine leichtfaßliche Einführung in die Kunst, sich das Einprägen von Gedächtnisstoff durch besondere Lernhilfen und -techniken zu erleichtern. Es gibt weder ein gutes noch ein schlechtes Gedächtnis. Man muß das Gedächtnis trainieren, damit es leistungsfähig wird und bleibt. 10 Tage genügen, um es zu Höchstleistungen zu bringen.

WILHELM GOLDMANN VERLAG MÜNCHEN

Goldmann RATGEBER

Verkaufen mit System. Vorbereitung – Präsentation – Organisation. Ein Leitfaden für den Vertreter. Von Werner W. Both (10566)

Ein Handbuch mit einer in sich geschlossenen Darstellung aller wesentlichen Grundlagen des erfolgreichen Verkaufens: Trends und Entwicklungen – Psychologie des persönlichen Verkaufens – Verkaufsvorbereitung – Verkaufspräsentation – Verkaufsabschluß – Betriebswirtschaftliche Formelsammlung – Test zur Eigenbewertung.

Die Unersetzlichen. Ein Handbuch für den Erfolg im Beruf. Von Heinz Commer (10534)

Der Autor beschreibt, wie man den vielen Gefahren im täglichen Einsatz am Arbeitsplatz erfolgreich begegnen kann. Commer erläutert, wie man sich bei der Einstellung verhält, wie eine Besprechung geführt, wie eine Tagung vorbereitet und wie ein Protokoll angelegt wird. Fragen der Gehaltserhöhung, Beförderung und Absicherung der eigenen Position werden ebenso ausführlich behandelt.

So bewerbe ich mich richtig. Ein Ratgeber für alle Stellungssuchenden. Von Joseph Hofstetter (10549)

Ob Sie sich auf eine Anzeige bewerben oder selbst die Initiative ergreifen und inserieren – was und wie Sie in solchen Fällen schreiben, woran Sie unbedingt denken sollten, was eine Firma über Sie, Ihren Werdegang und Ihre Fähigkeiten und Kenntnisse wissen will, erfahren Sie hier.

WILHELM GOLDMANN VERLAG MÜNCHEN

Goldmann RATGEBER

Ich will nicht mehr rauchen. Mit 12 Abbildungen und 8 Tabellen. Von Meinrad Schär (10542)

Schon mancher hat den schweren Entschluß gefaßt, das Rauchen aufzugeben. Für alle, denen das noch nicht gelungen ist, ist dieses kleine, mit viel Einfühlungsvermögen geschriebene Buch gedacht. Es tritt wissenschaftlich fundiert und schonungslos den sich widersprechenden und Verwirrung stiftenden Berichten über die Auswirkungen des Nikotingenusses entgegen.

Der sichere Weg zum Führerschein. Alle amtlichen Prüfungsfragen mit den Antworten. 100 Skizzen und 32 Fotos von Verkehrssituationen. Von Rainer Lang (10529)

Dieses Buch enthält die geltenden Richtlinien für die Führerscheinprüfung mit allen Prüfungsfragen und -antworten sowie eine ausführliche Einleitung. Es eignet sich gleichermaßen für den Unterricht in der Fahrschule wie auch zum Selbststudium.

Ist sparen noch sinnvoll? Von Wilhelm Schnetzer (10576)

Wie läßt sich Erspartes optimal anlegen? – In allen Fragen des Sparens und der Anlagemöglichkeiten gibt dieser Band wertvolle Denkanstöße und viele praktische Ratschläge.

WILHELM GOLDMANN VERLAG MÜNCHEN

Goldmann RATGEBER

Wie schütze ich mich vor EINBRUCH? Tips zur Sicherung von Haus, Wohnung, Geschäft und Auto. Von Reinhard Rupprecht und Gottfried Reuß (10562)

Wie Einbrecher gewöhnlich vorgehen und wie wir ihre oft raffinierten Angriffe in zweckmäßiger, effektiver Weise abwehren können, zeigen uns zwei erfahrene Polizeipraktiker. Sie geben allgemeine Sicherungsratschläge von der Bauplanung bis zum Einbruchsschutz. Ein eigenes Kapitel ist dem Autoaufbruch und dem Schutz des Kraftfahrzeuges gewidmet.

Wie schütze ich mich vor BETRUG? 200 Tips zum Schutz vor Schwindel und Schaden. Von Reinhard Rupprecht und Hans Kinzl (10558)

Betrug droht überall, bei Geschäften auf der Straße, an der Wohnungstür, bei riskanten Käufen, Geldanlagen und verlockenden Vermittlungen. Das Buch zeigt, daß wir dem Betrüger trotz seiner Tricks und Täuschungsmanöver nicht hilflos ausgeliefert sind. Mehr als 200 detaillierte Ratschläge erfahrener Polizeipraktiker bewahren den Leser davor.

Steuerreform 1975. Ratschläge zu allen wesentlichen Änderungen. Von Dr. Otto Mutze (10554)

Dies ist eine umfassende Darstellung zum Einkommensteuerreformgesetz vom 5. August 1974: Einkommensteuer, Lohnsteuer, Kindergeld, Wohnungsbauprämien, Sparprämien.

WILHELM GOLDMANN VERLAG MÜNCHEN

Goldmann RATGEBER

Die Technik der Gedächtnisschulung. Von Wolfgang Zielke. Eine praktische Anleitung (10501)

Wertvolle Anleitungen zur Schulung des Gedächtnisses und zur Steigerung der Konzentrationsfähigkeit. Auf praktische Erfahrungen gestützt, beschreibt der Verfasser in loser Folge eine Reihe alltäglicher Situationen, mit denen jedermann konfrontiert wird und die jeder optimal meistern möchte.

Bangemachen gilt nicht. Von Axel Eggebrecht. Die Kraft des gesunden Menschenverstandes. Nach der gleichnamigen Rundfunkserie (10502)

Der durch den Rundfunk in weiten Kreisen bekannte Autor analysiert, was den Menschen bedrängt: die Angst, das Glück, die Todesstrafe, der Selbstmord, das Altern, der Tod u. a. Ob alltägliche oder existentielle Fragen – stets versucht Eggebrecht ihre positive Seite zu erkunden.

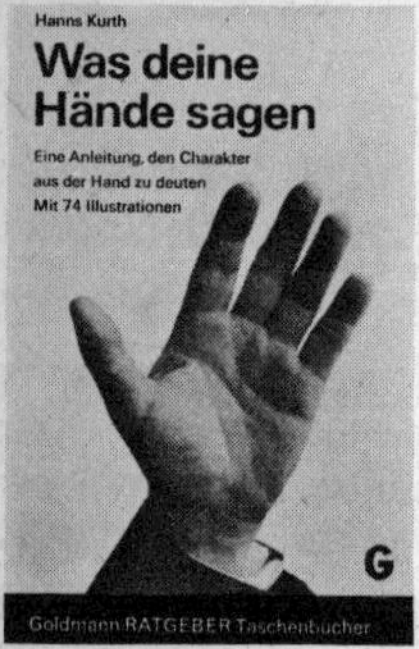

Was Deine Hände sagen. Von Hanns Kurth. Eine Anleitung, den Charakter aus der Hand zu deuten. Mit 74 Illustrationen (10512)

Eine Anleitung zur Handliniendeutung. Die Darstellung dieser bereits vor 4000 Jahren in China bekannten Wissenschaft geht von der Beobachtung der menschlichen Hand aus. Konkrete Fälle veranschaulichen die theoretischen Ausführungen, goldene Regeln der Handlesekunst runden den Band ab.

WILHELM GOLDMANN VERLAG MÜNCHEN